signé: Waldeck-Rousseau

EXAMEN CRITIQUE

DES

DOCTRINES SOUTENUES PAR LE TRIBUNAL CORRECTIONNEL

DE NANTES

Dans son jugement par défaut du 19 juillet et son jugement contradictoire du 25 août 1865,

touchant les articles 406 et 334 du Code pénal.

NANTES
IMPRIMERIE DE Mme Ve MELLINET, PLACE DU PILORI, 5.

1865

EXAMEN CRITIQUE

DES DOCTRINES DU TRIBUNAL CORRECTIONNEL

DE NANTES

TOUCHANT LES ARTICLES 406 ET 334 DU CODE PÉNAL

Le 19 juillet 1865, le Tribunal correctionnel de Nantes a rendu un jugement qui, statuant par défaut, soutient SUR L'ARTICLE 406 DU CODE PÉNAL les théories suivantes :

« Attendu que l'article 406, par sa première disposition, punit » quiconque aura abusé des besoins, des faiblesses et des passions » d'un mineur pour lui faire souscrire à son préjudice des obli- » gations, quittances ou décharges. . . .; *que les termes sont* » *généraux; qu'il est parlé ensuite du prêt comme d'un cas* » *spécial* dans lequel on peut abuser des besoins ou des passions » d'un mineur; que si ledit article était applicable uniquement au » prêt, on chercherait le sens et la portée des mots *quittances* ou » *décharges* insérés dans le texte de l'article 406; qu'en effet, » on ne voit pas comment, en cas d'un prêt proprement dit, le

» mineur emprunteur aurait à souscrire des quittances ou des » décharges ; qu'il semble qu'il n'appartient qu'au prêteur de » souscrire de tels actes, quand il reçoit son remboursement ; que » toutes les expressions employées par le législateur reprennent » leur force, lorsqu'on donne au susdit article le sens général que » son texte comporte ; qu'en tout cas, le mineur qui, dans le but » de satisfaire les passions dont il subit l'entraînement, achète des » meubles, et afin d'en payer le prix plus tard, souscrit des billets » à son vendeur, *se trouve, en résultat, dans la même situation* » *que si, après avoir acheté des meubles, il souscrivait des* » *billets au profit d'un tiers qui lui prêterait de l'argent* » *pour s'acquitter envers son vendeur* ; que le sens restreint » qu'on veut donner à l'article 406 du Code pénal, serait » contraire aux intentions du législateur, *qui a voulu atteindre* » *l'abus des faiblesses des mineurs, sous quelque forme que* » LA *négociation ait été faite ou déguisée.* »

Ce jugement ayant été frappé d'opposition par les prévenus, le Tribunal, dans un jugement du 25 août 1865, a persisté dans ses théories sur l'article 406, sans y ajouter d'autres considérations que celles-ci :

« Attendu que celui-là abuse des besoins, des faiblesses et des » passions d'un mineur, qui, le voyant entraîné par ses passions, » lui fait souscrire des obligations dont le but est la satisfaction » de ses penchants immoraux, et le résultat un tort fait à ses » mœurs et à sa fortune ;

» Attendu que, supposât-on que l'article 406 ne s'applique pas » à toutes les *obligations* en général qu'on fait souscrire à un » mineur, à son préjudice, en abusant de ses besoins, de ses » faiblesses ou de ses passions, et que tout dans l'article 406 se » rapporte au prêt, ledit article, ainsi interprété, devrait encore » être appliqué dans la cause ; que les mots quittances ou décharges, » prêts d'effets de commerce ou de tous autres effets obligatoires,

» mots qui expriment des choses qui ne sont pas de la nature du » prêt ordinaire, montrent qu'on n'est point ici renfermé dans le » cercle du prêt défini par le Code civil; que ces autres termes : » sous quelque forme que cette négociation ait été faite, prouvent » que le législateur tient plus au résultat qu'à la forme des contrats; » qu'il s'en suit *que tout acte dans lequel se trouve en résultat* » *l'équivalent d'un prêt,* c'est-à-dire des avances faites à un » mineur, constitue la négociation appelée prêt, dans l'article 406; » que la vente faite à crédit à un mineur, en ce qui touche la » stipulation sur le paiement du prix, équivaut au prêt d'une » somme égale à ce prix; qu'on paraît admettre que l'article 406 » frapperait le débiteur d'un capital non exigible, qui, abusant » des faiblesses ou des passions de son créancier mineur, lui ferait » souscrire à son préjudice une *quittance* ou une *décharge* au » moyen d'un paiement anticipé; que cependant dans cette » hypothèse, *pas plus que dans le cas de la cause, ne se* » *trouve un prêt proprement dit;* mais que dans l'un et l'autre » cas on trouve l'équivalent d'un prêt; qu'il faut donc arriver à » cette conclusion, que toute négociation qui aboutit à l'équivalent » d'un prêt, sous quelque forme que cette négociation ait été faite, » est atteinte par l'article 406. »

Par son jugement sur défaut du 19 juillet 1865, le Tribunal de Nantes s'est, EN CE QUI CONCERNE L'ARTICLE 334, exprimé ainsi :

« Attendu que l'article 334 du Code pénal ne s'applique pas » seulement au proxénétisme; qu'il est aujourd'hui de jurispru- » dence constante, qu'il frappe celui qui loue un appartement à » un mineur, sachant qu'il le prend pour s'y livrer à la débauche; » *qu'il en doit être de même :* 1° de l'individu qui *vend un* » *mobilier* pour garnir le local où il sait qu'un mineur s'adonnera » à la débauche; 2° de celui qui *livre des objets d'ameuble-* » *ment ou de toilette sachant qu'ils sont destinés à être*

» *le moyen* de *nouer* ou *d'entretenir* des relations immorales » dans lesquelles un mineur est engagé ; que dans les cas ci-dessus » on *facilite* la corruption ou la débauche d'un mineur ; on » *agit comme le complice* qui, *aux termes de l'article* 60 » *du Code pénal, a procuré sciemment* les moyens devant servir » à une action coupable ; qui a donné son aide dans les faits qui » l'ont préparée ou facilitée. »

Dans le jugement contradictoire du 25 août 1865, le Tribunal n'a ajouté aucune considération de droit, à son précédent jugement, pour maintenir sa doctrine sur l'article 334.

La doctrine du Tribunal de Nantes, en ce qui concerne le sens et la portée des articles 406 et 334, est d'une nouveauté hardie ; elle refait la loi, ou y ajoute. Quand on cherche sa justification dans les motifs donnés, on trouve ou qu'ils sont insuffisants, comme lorsque le Tribunal entreprend de prouver qu'il a le droit de donner à l'article 334 une élasticité sans limite, — ou qu'ils font subir au texte et à l'esprit de la loi un travail *violent* d'interprétation, comme lorsqu'il veut démontrer que l'article 406 s'applique aux *ventes à crédit,* dont le prix est réglé en billets.

On sent que le magistrat cherche moins à se mettre d'accord avec la loi, qu'à contraindre la loi de servir son dessein d'atteindre des faits qu'il croit dangereux ou répréhensibles.

§ I.

« La vente faite à crédit à un mineur, alors, qu'à la connais» sance du marchand, il userait des choses achetées ou qu'il les » achèterait pour la satisfaction de ses passions, constitue-t-elle le » délit repris et puni par l'article 406 du Code pénal, si le mineur » souscrit des billets en paiement de la chose achetée ? »

Si nous ne nous trompons, c'est bien la question examinée et résolue par les deux jugements des 19 juillet et 25 août 1865.

Des termes du jugement ressort une seconde question :

« Celui qui fait souscrire à un mineur des billets en paiement
» des objets vendus (antérieurement) à une femme avec laquelle
» il a formé depuis des relations, commet-il le délit de l'article
» 406 ? »

Ces questions conduisent à rechercher quelle est la vraie doctrine de l'article 406, et à présenter du sens et de la portée de ses dispositions, une théorie complète.

La doctrine du jugement du 19 juillet est celle-ci :

« L'article 406 *punit par sa première disposition,* quiconque aura abusé des faiblesses ou des passions d'un mineur pour lui faire souscrire à son préjudice des obligations, quittances ou décharges. Les termes de la loi sont généraux ; s'il est parlé ENSUITE *du prêt,* c'est comme d'un cas spécial où l'on peut abuser des passions d'un mineur. L'intention du législateur a été *d'atteindre l'abus des faiblesses des mineurs, sous quelque forme que la négociation ait été faite ou déguisée.* »

La doctrine du jugement du 25 août 1865 va plus loin ; elle se traduit par ces trois propositions :

« Tout acte dans lequel se trouve, en résultat, l'*équivalent d'un prêt,* c'est-à-dire des avances faites à un mineur, constitue la négociation dont parle l'article 406.

» La vente faite à crédit à un mineur, en ce qui touche la stipulation sur le paiement du prix, *équivaut au prêt d'une somme égale à ce prix.*

» *Toute négociation* qui ABOUTIT à l'*équivalent* d'un prêt, sous quelque forme que cette négociation ait été faite, est atteinte par l'article 406. »

Pour tout esprit attentif, les propositions que le Tribunal essaie de faire prévaloir dans son jugement sont frappées d'un vice radical. Elles ne pratiquent pas la loi ; elles la transforment ; elles substituent à la loi de 1810 *une loi nouvelle*, très embarrassée et très confuse toutefois dans son expression, manquant de la précision, qui est la condition fondamentale de toute loi répressive ; elles érigent en règle acceptée, la *théorie des équivalents*, toujours proscrite en matière pénale, comme aussi dangereuse pour la conscience des magistrats que pour les intérêts des accusés.

La citation du ministère public n'avait pas osé aller aussi loin que le jugement. Elle avait eu plus de déférence que lui pour la *vérité simple* de la loi ; car, invoquant l'article 406 pour arriver à la répression, la prévention reprochait aux prévenus, « d'avoir » fait souscrire à des mineurs, à leur préjudice, des obligations » *pour* PRÊTS *déguisés* sous la *forme de ventes* à crédit. »

Si la question était demeurée dans les termes exactement juridiques où elle était posée par la citation, il n'y avait qu'un point fort simple à vérifier : les ventes à crédit, dont le prix a été réglé en billets par des mineurs, étaient-elles sérieuses, réelles, ou bien n'étaient-elles qu'apparentes, et servant à déguiser un prêt ?

A résoudre la question au moyen des faits déclarés constants par le jugement, il paraît évident que l'article 406 ne devait pas être appliqué, et que si le Tribunal croyait pouvoir infliger un blâme à raison de quelques circonstances spécialement relevées, il était impossible de porter une condamnation.

Il a donc fallu que le Tribunal substituât à la prévention d'avoir fait des *prêts* déguisés, sous la forme de ventes à crédit, la prévention d'avoir fait *des ventes à crédit* ÉQUIVALANT *à un prêt*.

Ces appréciations générales présentées, nous allons exposer ce qui nous paraît être la vérité juridique, doctrinale et pratique de l'article 406.

Le premier soin à prendre, quand on veut faire un pareil travail, c'est de remonter à l'origine de la loi, et de rechercher à quel besoin social elle a voulu répondre.

Ce soin vulgaire, mais nécessaire, le Tribunal paraît l'avoir omis; de là sans doute ces théories ingénieuses qui, au lieu de fortifier la loi, ne montrent que son insuffisance, puisqu'elles s'efforcent de combler des lacunes certaines, en empiétant sur le droit de pourvoir à ce soin, qui appartient exclusivement au législateur.

L'article 406 date de 1810. Depuis cette époque, il n'a pas été modifié. Pour savoir quels faits il a voulu atteindre, il est donc nécessaire de se reporter à cette époque et de demander au législateur quels désordres il a voulu réprimer.

Les données historiques sont certaines à ce sujet.

Le législateur se trouvait en présence d'une classe de gens dont le métier était de prêter usurairement à des mineurs besoigneux d'argent, et qui, spéculant sur leurs faiblesses ou leurs passions, ne fournissaient point en argent ou fournissaient à des conditions scandaleuses, la contre-valeur des billets qu'ils se faisaient souscrire.

« Le Code, a dit M. Faure, dans l'exposé des motifs, renferme » plusieurs dispositions nouvelles sur les abus de confiance. L'une » atteint ceux qui auront abusé des besoins, des faiblesses et des » passions d'un mineur, pour lui faire souscrire des actes préju- » diciables à ses intérêts. Depuis longtemps on gémissait de voir » que cette espèce de corrupteurs de la jeunesse pouvait impu- » nément ruiner les fils de famille. En vain, le Code Napoléon » déclare que la simple lésion donne lieu à la rescision en faveur » du mineur émancipé contre toutes sortes de conventions. Ces » hommes sans pudeur *se font payer plus cher* LEURS AVANCES, » à raison des risques qu'ils courent; ils prennent toutes les » précautions pour éluder l'application de la loi civile. Mais la » crainte d'une peine correctionnelle pourra les retenir, et les » jeunes gens ne trouveront plus *autant de facilité à se pro-*

» *carer des ressources désastreuses* pour leur fortune, et quel-
» quefois plus funestes encore sous le rapport des mœurs. »

Après avoir cité ces paroles, M. Faustin Hélie (4e édit., t. v, n° 2032) ajoute :

« Le but de l'article 406 se trouve ainsi clairement défini ;
» c'est de protéger la faiblesse et l'inexpérience des mineurs
» contre les artifices d'hommes cupides qui les ruinent, EN LEUR
» FAISANT DES AVANCES D'ARGENT aux conditions les plus oné-
» reuses. Il s'agit d'atteindre les *prêteurs sur gages*, les *usu-*
» *riers*, et enfin tous ceux qui abusent de la facilité et des
» passions des mineurs pour leur faire souscrire des obligations
» préjudiciables. »

M. Ach. Morin, dans son *Dictionnaire du Droit criminel*, au mot abus des passions des mineurs, présente le même aperçu historique de l'article 406.

Il le reproduit dans une consultation fort remarquable donnée à l'occasion des poursuites sur lesquelles le Tribunal de Nantes a statué par les jugements sus-relatés. (Ve Carnot, article 406 ; Dalloz, vo *Abus des passions des mineurs*.)

Il devient évident, par cet examen rétrospectif des origines de l'article 406, que cet article a voulu combattre les abus qui se produisaient dans les opérations de *prêts* faits à des mineurs, et dont les conditions ou l'existence étaient déguisées à l'aide de combinaisons diverses.

La loi n'avait pas d'autre portée à son origine : atteindre le *prêt abusif et usuraire,* quelles que fussent les formes qu'il empruntât pour se cacher ; tel était son but, parce que tel était aussi le mal social du temps, que le législateur voulait combattre.

Une autre vérité ressort de l'exposé des motifs ; c'est que la loi ne s'est préoccupée que du *prêt abusif.* Ce n'est point parce que le prêt est fait à un mineur, et constaté par des obligations qu'il est réputé délictueux ; mais bien parce que le prêt aura été un abus de la confiance obtenue du mineur, et qu'il lèsera ses intérêts par les conditions ruineuses ou déloyales qui l'auront accompagné.

Dans la pensée du législateur, le mal n'est pas dans *l'usage ultérieur* que pourra faire le mineur de l'argent ou des valeurs empruntées ; il est dans le prix mis à ses avances, et dans les moyens employés par la cupidité, pour exploiter ses besoins, ses faiblesses ou ses passions, pour l'amener à souscrire des obligations dommageables.

Le Tribunal s'est privé, pour n'avoir pas interrogé les origines législatives de l'article 406, des lumières nécessaires pour en connaître le sens exact ; et il s'est exposé, précisément à ce qui lui est arrivé, à remplacer la loi par des idées qui peuvent être vraies spéculativement, mais qui sont essentiellement inexactes au point de vue légal.

Pour lui, l'article 406 atteint toutes les obligations nuisibles aux intérêts du mineur et créant une charge à son préjudice, dès qu'elles ont été inspirées par ses besoins, ses faiblesses ou ses passions, et qu'elles peuvent être envisagées comme l'équivalent d'un prêt ; — tandis qu'au contraire la pensée du législateur a été de ne punir que le *prêt* (sous quelque forme qu'il se dissimule), — auquel le mineur aura été entraîné à souscrire, par l'abus fait de ses passions, de ses faiblesses ou de ses besoins. — Ce qui constitue un système absolument différent du système du Tribunal.

Jusqu'ici nous raisonnons avec l'exposé des motifs.

La discussion l'a suivi et elle a produit le texte de l'article 406 qui a le mérite saisissant de monumenter d'une façon nette, claire et catégorique, la pensée que l'exposé des motifs a mise en relief.

« Quiconque *aura abusé* des besoins, des faiblesses ou des
» passions d'un mineur POUR *lui faire souscrire* à son préjudice

» des obligations, quittances ou décharges, *pour* PRÊT d'argent
» ou de choses mobilières, ou d'effets de commerce, ou de tous
» autres effets obligatoires, sous quelque forme que CETTE *négo-*
» *ciation* ait été faite ou déguisée, sera puni, etc. »

Rien qu'à fixer un œil attentif sur le texte, on demeure convaincu que le fait à punir c'est le PRÊT, *et seulement le prêt ;* qu'il apparaisse clairement ou qu'il soit déguisé, si par ailleurs il est accompagné des circonstances définies par la loi, et qui le criminalisent.

Quand on décompose l'article 406, on voit que le délit n'existe que par la réunion de trois circonstances :

Il faut que le mineur ait souscrit des billets, des obligations, des quittances ou des décharges qui lui soient préjudiciables ;

Que ces obligations, etc., aient eu pour cause *un prêt* ;

Et qu'elles aient été obtenues en abusant des besoins, des faiblesses ou des passions du mineur.

Tous les auteurs enseignent cette règle. Elle a été confirmée par un arrêt de la Cour de Toulouse, le seul qui soit intervenu sur la matière.

Le point qu'ils affirment surtout, comme une vérité indiscutable, c'est que l'article 406 ne s'applique qu'à l'hypothèse *d'un prêt.*

« Le deuxième élément du délit, dit M. Faustin Hélie,
» n° 2034, est que l'abus ait eu pour résultat la souscription
» d'une obligation ou décharge *pour prêt de choses mobilières.*
» Une autre condition élémentaire du délit, rappelée par tous
» les commentateurs, écrit M. Ach. Morin dans sa *Consultation,*
» est exigée par ces expressions du texte : faire souscrire des
» obligations, quittances ou décharges, pour *prêt* d'argent ou de
» choses mobilières, etc. En effet, il s'agit ici d'une incrimination
» nouvelle et spéciale, créée en vue des *emprunts,* auxquels les

» mineurs veulent trop souvent recourir pour avoir de l'argent à » dépenser. »

Malgré ce texte si formel, et dont le sens naturel n'a laissé de doute dans aucun esprit, le Tribunal prend pour point de départ de sa discussion cette proposition : « que l'article 406, » par sa première disposition, punit quiconque aura abusé des » besoins, des faiblesses ou des passions d'un mineur, pour lui » faire souscrire à son préjudice des obligations, quittances ou » décharges. . . que les termes sont généraux. . . . »

Cette proposition, d'où vont découler les conséquences qui conduiront le Tribunal à la condamnation des prévenus, est absolument inadmissible.

En effet :

L'abus des passions, des besoins ou des faiblesses des mineurs, n'est pas d'une façon générale, et dans tous les cas punissable, aussitôt qu'il a eu pour résultat la création d'une obligation à leur préjudice. La loi n'a pas cette portée compréhensive. Son texte y répugne tout autant que son esprit ; et loin qu'elle ait statué, comme le dit le Tribunal, dans des termes généraux, elle n'a entendu atteindre *pénalement* l'abus des passions des mineurs, que dans des cas restrictivement déterminés ; lorsque l'abus fait de la situation ou des dispositions du mineur l'a conduit à un résultat indiqué par elle, à l'aide des moyens qu'elle définit, et dans un cas qu'elle circonscrit.

Le résultat qu'elle indique, c'est la création d'obligations, quittances ou décharges ;

Le moyen qu'elle définit, c'est l'*abus* des besoins, des faiblesses ou des passions ;

Le cas spécial pour lequel elle statue : c'est le PRÊT.

En effet, si l'on reprend chacune des expressions groupées dans l'article 408, on lit :

« Quiconque *aura abusé.* » — Voilà le *moyen.*
« POUR lui *faire* souscrire. » — Voilà le résultat.
« *Pour* PRÊT. » — Voilà le cas spécial.

Le PRÊT est tellement l'hypothèse particulière, *exclusive*, pour laquelle la loi statue, qu'elle prend le soin très visible d'énumérer toutes *les choses qui pourront être prêtées* : argent, choses mobilières, effets de commerce, ou autres effets obligatoires.

Il est très remarquable que dans cette énumération qui a été faite aussi abondante que possible, toutes les choses détaillées sont en effet de celles qui peuvent seules convenir à une opération de prêt. La loi n'a point parlé des choses ou des droits immobiliers, parce qu'ils ne sauraient entrer dans une combinaison de prêt.

Comme la loi pouvait être éludée au moyen de ruses, ayant pour effet de masquer l'opération qu'elle veut réprimer, elle prend ses précautions.

Elle atteint les artifices et les déguisements qui assureraient l'impunité aux plus coupables, parce qu'ils auraient été les plus habiles ;

Elle poursuit tous les *déguisements* de l'opération réellement faite.

Mais poursuit-elle tous les déguisements en général ? Le Tribunal paraît l'avoir pensé, puisqu'en croyant reproduire le texte, il emploie dans son jugement du 19 juillet, cette expression : LA *négociation* ; ce qui généralise et étend en effet à l'infini, les faits que l'article 406 punit.

C'est une erreur.

Il punit seulement l'*opération de prêt* sous quelque forme qu'elle ait été déguisée. C'est ce qui ressort du *texte authentique* de l'article 406, puisqu'après avoir dit : « Quiconque aura » abusé. . . . . d'un mineur. . . . . pour lui faire souscrire des

» obligations. . . . . *pour prêt*. . . . . sous quelque forme que » CETTE *négociation* ait été faite ou déguisée. » — *Cette négociation!* la phrase ne permet pas de comprendre qu'une chose : *la négociation de prêt ou d'un prêt.*

Qu'on veuille bien le remarquer! si toutes les obligations abusivement obtenues d'un mineur constituaient le délit de l'article 406, il devenait parfaitement inutile de se préoccuper des déguisements. Par ailleurs, à quoi bon recourir à des artifices, si la loi punit toutes les opérations quelconques faites avec un mineur, par cela seul qu'il était mineur, qu'il a souscrit des obligations, quelle qu'en soit d'ailleurs la cause, et que ces obligations sont le résultat de l'abus fait de ses passions, etc.

Si la loi poursuit les *déguisements,* c'est qu'elle a eu vue, dans son texte, une opération qu'on peut chercher à lui cacher, pour qu'elle échappe au châtiment. — Si les coupables cherchent un refuge contre les atteintes de la loi, au moyen de certaines combinaisons, de certains contrats apparents, c'est que *certaines opérations sont seules punies, et que celles dont la forme est empruntée, ne sont ni prohibées ni punies par la loi.*

La loi n'est donc point générale. Sa portée est donc essentiellement restreinte à un cas ou des cas déterminés. Or, quels sont ces cas? Elle l'a dit clairement : c'est le cas ou les cas DE PRÊT sous quelque *forme que* CETTE OPÉRATION ait été faite ou déguisée.

Une réflexion se présente naturellement à tous les esprits un peu pratiques. C'est que le moyen le plus habituellement employé par les gens qui, abusant des dispositions ou de la situation des mineurs, veulent cacher un prêt usuraire ou illicite fait à ces mineurs, consiste à le revêtir des formes de la vente. Chose étrange! la loi aurait voulu punir la vente à crédit, soldée en billets, et pour échapper à l'article 406 qui punit le prêt abusif, on se réfugierait dans la vente, que la loi punirait également!

De plus, si le législateur avait voulu ne pas concentrer *le délit* dans *l'opération de prêt,* mais l'étendre par exemple à la vente, comprendrait-on qu'il eût *omis* une indication aussi capitale, et qu'il eût oublié précisément l'opération qui sert de couverture habituelle à la négociation de prêt qui n'ose pas se produire au grand jour! Non! il n'est pas permis d'accuser la loi ou ceux qui l'ont faite, de tant de maladresse, ou de tant d'imprévoyance.

De cette discussion, il faut tirer deux conséquences.

La première : c'est que l'article 406 n'a point la portée générale, vague, indéterminée, que lui suppose le Tribunal; il ne laisse pas aux magistrats une sorte de pouvoir discrétionnaire pour atteindre et punir toutes les opérations abusives qui seront faites avec un mineur.

La seconde : c'est qu'il ne punit que les opérations de *prêt*, sous quelque forme qu'elles se produisent, et que, par conséquent, elle n'atteint pas les ventes, quand elles ne sont point une forme employée pour déguiser un prêt.

Le Tribunal paraît, dans son jugement du 25 août 1865, avoir à peu près concédé qu'il était allé trop loin, puisqu'il cherche à démontrer qu'au moins l'article 406 punit les *opérations qui aboutissent* A L'ÉQUIVALENT *d'un prêt*.

Mais le Tribunal n'avance pas encore dans la voie de la vérité légale aussi nettement que la *citation* donnée aux prévenus paraît l'avoir fait; il ne peut se résigner à accepter cette formule qui est pourtant exacte : *prêts déguisés sous la forme d'une vente à crédit*, qui sert de point de départ à la prévention. Et si on peut regretter de la part de magistrats aussi éclairés que ceux qui ont rendu les deux jugements que nous discutons, cette résistance à reconnaître la puissance saisissante du texte de l'article 406, il faut constater pourtant qu'ils sont plus conséquents avec leurs tendances, que l'auteur de la citation ne l'a été avec les siennes.

En effet, placé en face de la formule de sa citation, le ministère public est forcé d'abandonner la prévention si les débats démontrent que, dans la réalité du fait, dans la volonté des contractants, il n'y a pas eu de prêt, mais une *vente sérieuse*.

Au contraire, le Tribunal évite cette extrémité, au moyen de la concession incomplète qu'il fait aux principes, et en se retranchant dans la théorie des faits *aboutissant à* L'ÉQUIVALENT *d'un prêt*, qui maintient à l'article 406 une sorte d'élasticité de circonstance.

Nous aurons à examiner plus tard, si, en effet, comme le dit le Tribunal, l'opération qu'il signale et qu'il punit, est l'équivalent d'un prêt. Mais disons ici que la loi n'a pas voulu réprimer l'équivalent d'un prêt; mais seulement le prêt, apparent ou déguisé; et que s'il est une vérité incontestable, primordiale en matière criminelle, c'est qu'il n'est jamais permis, quelque respectables que soient les intentions, quelque provocation à la sévérité qui sorte du relâchement des mœurs ou des désordres du temps, d'ajouter à la loi, d'étendre ses dispositions à des équivalents, et de transporter dans le Code des délits et des peines, cette maxime, exclusivement du droit civil : « *Ubi eadem ratio, ibi et idem jus.* »

§

Il nous paraît utile, pour démontrer de plus en plus l'erreur dans laquelle le Tribunal est tombé, d'insister encore sur les conditions essentielles de l'article 406.

1°.

L'article 406 exige en premier lieu qu'il y *ait eu abus* des besoins, des faiblesses ou des passions d'un mineur.

Pourquoi ?

C'est que s'il peut être dangereux de traiter avec un mineur, on ne voit nulle part que cela soit défendu.

L'obligation contractée par un mineur n'est pas toujours nulle. Indépendamment de l'obligation de for intérieur qui pèse sur lui, il peut être tenu de l'exécuter, si elle a tourné à son profit, en tout ou en partie.

Il est encore vrai qu'un prêt fait à un mineur, loyalement, sincèrement, dans un cas de détresse, ne serait pas répréhensible; qu'on ne pourrait davantage inquiéter le prêteur, alors que le mineur aurait par faiblesse mésusé du prêt, ou qu'il l'aurait fait tourner à la satisfaction de ses passions.

Le délit existe seulement lorsque l'ABUS se produit.

D'après la loi, l'*abus* doit avoir de certains caractères, et ce mot ne saurait être pris dans ce que nous appellerons son sens *vulgaire;* il a un sens *technique* qu'il faut rechercher.

Dans son sens vulgaire, l'abus signifie toute transgression des règles de l'équité, de la délicatesse, de la justice de la part d'une partie dans ses rapports avec son cocontractant.

On abuse de son droit, quand on l'exagère; on abuse de son intelligence, de son habitude des affaires, quand, traitant avec moins habile ou moins intelligent que soi, on fait tourner ces avantages à son profit.

Mais ce n'est pas dans ce sens que l'article 406 a pris le mot abus. Sa portée serait exagérée, s'il en était ainsi : elle s'étendrait au-delà des limites des préoccupations permises au législateur. La loi atteindrait toutes les actions que la probité sévère repousse, tandis qu'elle ne veut frapper que l'improbité, lorsqu'elle arrive à prendre d'assez graves proportions pour être un délit.

L'*abus,* selon l'article 406, implique tout au moins la *fraude intentionnelle,* et comme le disent les jurisconsultes, une manœuvre par cupidité, destinée à amener le mineur à contracter des obligations onéreuses à ses intérêts, en employant, *comme moyen,* le jeu des passions que l'on entretient, que l'on échauffe. (M. Faustin Hélie, n° 2033. — M. Achille Morin, *Consultations.*)

Celui-là ne commettra pas l'*abus* délictueux, qui se bornera à profiter des entraînements de la jeunesse, s'il n'a cherché à tromper son inexpérience, et à se faire, soit de ses besoins, soit de ses faiblesses, soit de ses passions, comme un levier pour agir sur ses volontés.

Si le délit de l'article 406 peut exister indépendamment de manœuvres caractérisées, comme au cas de l'article 405, on ne peut méconnaître néanmoins que le fait n'est punissable qu'autant qu'il présente certains symptômes de fraude. En effet, il faut considérer que l'article 406 est placé sous la rubrique des abus de confiance; qu'il est intercalé entre l'article 405 qui punit l'escroquerie, et les articles 407 qui punit l'abus de blanc seing et 408 qui punit l'abus de confiance : délits qui tous impliquent l'abus joint à la fraude, dans une mesure plus ou moins accentuée.

De là il faut conclure que tout prêt fait à un mineur, qui a des besoins, des passions, des faiblesses, n'est pas un délit. Il n'y a délit que lorsque la négociation a été consommée en se servant de ses passions comme d'un moyen de l'attirer et de lui faire souscrire des engagements ; en un mot, il faut qu'il soit prouvé, que n'était *le parti tiré contre le mineur* de ses besoins, de ses faiblesses ou de ses passions, il n'eût pas souscrit les obligations obtenues de lui. (Ach. Morin. *Consultations.*)

2°.

« Il faut, dit M. Ach. Morin, pour l'existence du délit de
» l'article 406, d'un côté une fraude intentionnelle, de l'autre
» un *préjudice,* qui résulte pour le mineur de la négociation
» même, et non pas seulement de l'*emploi ultérieur* qu'il aura
» fait de la chose à lui livrée. »

Ceci est autant de vérité juridique, que d'équité.

Et en effet, si de la part du prêteur il y a eu une opération sérieuse, sincère ; si la *contre-valeur* de l'obligation souscrite a été fournie réellement et honnêtement, il n'est pas possible de décider que l'opération faite est préjudiciable au mineur, dans le sens compris et entendu par la loi.

Sans doute il pourra arriver, qu'il eût été sage pour le mineur de ne pas contracter l'obligation qu'il a souscrite ; mais pourtant, en soi, l'opération ne sera pas délictueuse, car elle lui aura procuré une somme d'argent ou une chose mobilière, qui valent son obligation.

Le préjudice sortira pour lui plus tard de l'usage qu'il fera de la somme, ou des choses mobilières prêtées. Mais cet usage ultérieur, est indépendant de la négociation ; l'abus qui constitue le délit, doit exister dans les moyens qui ont préparé l'opération de la part du prêteur créancier. Il en est de même du préjudice. Il faut qu'il ressorte de l'opération même et non de ses suites, dont le créancier ne saurait être responsable.

3°.

Le troisième élément constitutif du délit de l'article 406 est la souscription d'une obligation ou décharge POUR PRÊT de choses mobilières. Ce point a déjà été examiné avec quelque détail, et nous n'y revenons que pour compléter nos observations à ce sujet et pour montrer, de plus en plus, que l'article 406 ne saurait s'appliquer à la vente, à moins qu'elle ne soit le moyen employé pour marquer une opération de *prêt* (1) ; il importe d'ailleurs de répondre à quelques objections proposées par les deux jugements du Tribunal de Nantes.

Nous croyons avoir démontré, en signalant les origines de l'article 406, que c'était contre les prêteurs d'argent aux mineurs, que la loi avait dirigé ses rigueurs.

Nous avons ajouté que cette disposition de notre loi pénale n'en-

(1) Faustin Hélie, n° 2034.

veloppait, ni dans sa prohibition, ni dans sa répression, les ventes lorsqu'elles ne déguisaient pas un prêt.

Il est évident qu'il n'y a pas là, comme nous l'avons déjà dit, une *omission* de la part du législateur. Dans tous les cas, l'omission aurait été certainement volontaire ; car, depuis 1810, le Code pénal a été revisé deux fois, en 1832 et en 1863. En 1863 surtout, on s'est occupé de compléter le chapitre des abus de confiance, au moyen d'additions inspirées et signalées par l'expérience. Or, l'article 406 (tout voisin des articles refondus) a été maintenu tel qu'il était en 1810. Volontairement on l'a donc conservé avec la restriction qui résulte de son texte, et plus que jamais il est évident que s'il ne punit que les obligations pour *prêt*, c'est qu'il n'a pas voulu étendre plus loin le cercle de sa pénalité.

Et pourquoi cela ?

Parce que l'*emprunt* est la ressource des mineurs besoigneux, ou dominés par leurs passions.

C'est l'opération dans laquelle il est fait plus facilement abus de leurs faiblesses ou de leurs entraînements ; c'est celle dans laquelle ils ont besoin d'être plus énergiquement assistés. L'assistance de la loi consiste dans le châtiment de ceux qui les trompent.

Ce que le législateur de 1810 avait eu surtout à cœur de faire cesser, c'était le scandale de ces prêts, qui ne procuraient à l'emprunteur qu'une petite somme d'argent, mais qui lui garnissaient les mains d'objets mobiliers, ridicules ou invendables.

L'article 406 n'a pas eu à se préoccuper de la *vente*, et ne s'en est préoccupé autrement que pour rechercher si elle ne déguisait pas un prêt.

C'est qu'en effet, la vente n'offre pas pour l'abus des passions des mineurs, les facilités que présente le prêt. La tromperie y est moins praticable. D'ailleurs, celui qui a besoin d'argent ne va pas acheter, et c'est le besoin d'argent qui rapproche presque toujours le mineur des hommes qui peuvent abuser de ses faiblesses.

Le mineur qui achèterait, pour se faire des fonds par la revente, des objets mobiliers qu'il n'aurait pas payés, commettrait un délit. D'ailleurs, la vente donne beaucoup plus la certitude qu'une contre-valeur sera fournie en échange de l'obligation qui en sera le prix, et dès lors le danger d'un préjudice à souffrir par le mineur diminue sensiblement.

Donc, s'il y avait de fortes raisons pour que l'article 406 s'occupât du prêt, il y en avait point ou peu pour qu'il prît attention aux ventes qui seraient consenties à un mineur et payées en ses obligations.

Aussi la loi ne s'est-elle occupée de la vente, qu'en tant qu'elle aurait pour but de soustraire le prêt abusif à l'atteinte de ses rigueurs légitimes.

Il faut insister encore sur l'idée que l'article 406 ne s'applique pas à la vente consentie à un mineur, alors même que le prix en serait réglé par lui en billets ou en obligations (1).

Nous demanderons aux honorables magistrats qui ont rendu les jugements des 19 juillet et 25 août, s'ils admettent qu'il soit permis de vendre à un mineur ? S'ils reconnaissent que la chose, quoique souvent périlleuse pour le vendeur, est néanmoins licite, pourvu que la convention ne soit pas accompagnée de manœuvres dolosives, ce qui la ferait tomber sous l'application de l'article 1131 ?

Nous leur demanderons encore comment ils comprennent et comment ils expliquent que le *fait seul* de la souscription de billets puisse, d'un fait licite en lui-même, faire une action délictueuse ? Est-ce parce que la vente est à terme ? Mais la loi admet parfaitement qu'il en soit ainsi. Est-ce parce que, pour faciliter au vendeur le moyen de se faire de l'argent avec la créance qui

(1) Les développements donnés à cette partie de la discussion paraîtraient fort superflus, en présence d'un texte aussi net que celui de l'article 406, si le Tribunal n'avait multiplié les efforts pour essayer de prouver que cette disposition pénale peut comprendre les ventes à crédit réglées en billets.

résulte à son profit de son opération, on lui remettra des billets à échéance convenue? Mais ce mode de paiement est très usité dans les relations civiles ou commerciales.

Si le mineur payait comptant?... Dans le système du Tribunal il n'y aurait sans doute pas de délit. Il n'y en aurait sans doute pas non plus, si le marchand se bornait à remettre sa facture et se fiait à la parole du mineur, car il n'aurait pas souscrit d'obligations?

Et quelque sérieuse que serait une vente, quelque rapport qui existât entre le montant des billets et le prix des choses mobilières, il y aurait délit, parce qu'il y aurait remise d'obligations au lieu d'argent!

Dans le cas de paiement comptant, peu importeraient les circonstances concomitantes de la vente! Au contraire, une vente à crédit, dès qu'elle serait accompagnée de la souscription en billets, deviendrait délictueuse, par cela seul que le mineur aurait fait mauvais ou condamnable emploi de la chose achetée!

Qui pourra jamais admettre un système qui conduit à des conséquences aussi inéquitables?

Néanmoins, le Tribunal insiste. « L'article 406 n'a pas prononcé » le mot de vente. »

L'article n'a pas prononcé le mot de vente! — Il semble qu'on devrait conclure que s'il ne l'a pas prononcé, c'est qu'il n'a pas voulu s'occuper de la vente. C'est presque la conclusion contraire que tire le Tribunal. Mais il ajoute :

« L'on a parlé du prêt; ses termes sont généraux. Le prêt est, » en quelque sorte, comme un cas spécial destiné à servir » d'exemple. »

Telle est la pensée qui se formule comme une objection.

Nous avons déjà démontré que l'article 406 n'était point

conçu en termes généraux ; que, loin de là, ses termes étaient essentiellement limitatifs.

L'argument tiré de la généralité des termes de l'article 406 doit donc être écarté.

Il n'est pas plus exact de présenter l'hypothèse du *prêt*, comme un cas spécial, servant, en quelque sorte, d'exemple de la manière dont le délit d'abus des faiblesses et des passions d'un mineur peut se commettre.

La vérité, enseignée par le texte lui-même, est que les obligations, *ayant pour cause un prêt*, sont les seules qui engendrent le délit. Ce qui, disons-le une fois encore, résulte irrésistiblement du rapprochement de ces expressions de l'article : « obligations, quittances ou décharges, *pour prêt d'argent ou de* » *choses mobilières*. . . . . sous quelque forme que CETTE (1) » *négociation* (la négociation de prêt) ait été *faite* ou *dégui-* » *sée*. »

La *vente* ne tombera donc sous l'application de l'article 406, qu'autant qu'elle servira de moyen de déguiser un prêt.

Le Tribunal poursuit :

« Si l'article était applicable uniquement au *prêt*, on chercherait le sens et la portée des mots *quittances* ou *décharges* » insérés dans le texte de l'article 406. En effet, on ne voit pas » comment, en cas d'un prêt proprement dit, le mineur emprunteur aurait à souscrire des quittances ou décharges. »

On pourrait demander au Tribunal s'il comprend mieux comment on pourra faire concorder le sens et la portée des mots quittances et décharges souscrites au vendeur par l'acheteur, avec le cas de la vente ? . . . Mais il vaut mieux, au lieu de combattre une

(1) Dans son jugement du 19 juillet, le Tribunal avait remplacé le mot CETTE par le mot LA ; cette substitution de mot changeait absolument le sens de la loi.

objection par une objection, donner le motif des expressions employées.

Le législateur voulait atteindre le prêt, de quelque façon qu'il se produisît, sous quelque forme qu'il s'enveloppât. Il a donc dû rechercher les expressions qui comprendraient tous les actes par lesquels le mineur peut compromettre ses intérêts en arrivant à un prêt. Il a donc accouplé, si l'on peut parler ainsi, les mots : obligations, quittances, décharges, c'est-à-dire tout ce qui peut indiquer les formes variées mises en œuvre pour dissimuler l'opération de prêt.

Répondant à l'objection, M. Ach. Morin disait dans la consultation déjà citée :

« Le jugement voudrait étendre l'incrimination à toutes les » négociations faites avec des mineurs. Pour cela il relève isolé- » ment les expressions du texte *quittances* ou *décharges ;* il » suppose que le prêt énoncé ensuite n'est qu'un cas spécial cité » pour exemple. Il dit que des quittances ou décharges ne sau- » raient être obtenues par un prêteur, et il généralise la partie » du texte où il est parlé de négociation, en substituant à » l'expression *cette* celle *la,* qui s'appliquerait à toute négociation » quelconque même non déguisée.

» Une telle interprétation est contraire tout à la fois aux » principes généraux du droit criminel, qui ne permettent pas » de changer un texte pénal, pour en étendre la portée, et au » sens de l'article 406, manifesté par l'ensemble de ses expres- » sions. Le texte est clair et suffisamment compréhensif, du » moment où il atteint le *prêt* à un mineur, d'une chose dont il » pourra faire de l'argent, que cette négociation soit faite sous une » forme qui lui conserve un caractère de prêt, ou bien qu'elle soit » *déguisée* sous la forme d'un tout autre contrat, par exemple, » d'une vente. Ne pouvant spécifier tous les déguisements que » l'imagination des prêteurs et emprunteurs saurait inventer, il les » a prévus généralement et a dû ainsi employer des expressions

» génériques pour embrasser tout engagement, obligatoire ou » libératoire, que le prêteur ferait souscrire au mineur. Ainsi » formulé et expliqué, le texte dit ce qu'il fallait dire, en ajoutant » à l'expression *obligations*, qui ne s'entend que d'écrits portant » engagement de payer ou rendre, celles : *quittances* ou *dé-* » *charges*, employées déjà dans l'article 405, et reproduites dans » l'article 408, lesquelles se rapportent à des écrits libératoires » qu'un prêteur abusant des passions d'un mineur, pourrait se » faire souscrire, s'il recourait à une combinaison déguisant la » négociation frauduleuse. »

Le Tribunal défend pied à pied son idée.

Suivant lui, l'article se sert d'expressions : *quittances* ou *décharges*, *prêt d'effets de commerce* ou de tous autres effets obligatoires, mots qui expriment des choses qui ne sont pas de la nature du prêt ordinaire, et montrent qu'on n'est point ici renfermé dans le cercle du prêt défini par le Code civil.

En effet, l'article 406 emploie des expressions qui ne sont pas celles que l'on rencontre usuellement, quand on s'occupe du prêt défini par le Code civil. Mais est-ce à dire pour cela qu'il faille étendre le cercle dans lequel le législateur a voulu lui-même se renfermer ? Evidemment non ; et précisément parce que le législateur a pris le soin de nomenclaturer toutes les choses qui sont susceptibles d'être données, à titre de prêt, à un mineur en échange de ses obligations, de ses quittances ou de ses décharges, et qu'il a employé avec insistance le mot *prêt*, malgré l'étrangeté de son emploi, quand il s'agit, par exemple, d'effets de commerce ou de tous autres effets obligatoires, — il faut nécessairement reconnaître qu'il ne s'agit, dans l'article 406, que de la *négociation d'un prêt*. S'il avait dû ou pu s'agir d'une autre négociation, la correction, l'exactitude grammaticale de la phrase eussent conduit le législateur à se servir d'un autre mot répondant à une autre idée.

Mais n'ayant que l'idée de prêt, ne voulant punir que le prêt, il n'a parlé que du prêt.

Est-ce assez clair pour convaincre?

Non.

Le Tribunal, se débattant de plus en plus, qu'on nous permette ce mot, dans son erreur, ajoute :

« Ces autres termes, *sous quelque forme que cette négocia-* » *tion ait été faite*, prouvent que le législateur tient plus au » *résultat* qu'à la forme du contrat. »

D'accord, pourvu que ce résultat soit un prêt, quelle que soit, comme il le dit lui-même, la forme sous laquelle il ait été fait ou déguisé.

« Il s'ensuit, c'est le jugement qui continue, que tout acte qui » se trouve en résultat l'*équivalent d'un prêt*. . . »

Non, ce n'est pas assez : il faut *un prêt*, quelle qu'en soit la forme et non l'équivalent.

« C'est-à-dire *des avances faites* à un mineur constituent » la négociation appelée prêt dans l'article 406. »

Le Tribunal touche ici à la vérité. Les avances faites à un mineur peuvent être, dans certains cas, un prêt : c'est le cas des *quittances* ou *décharges* dont parle l'article.

Toutefois, les *avances* ne seront le *prêt* que punit l'article 406, qu'autant qu'elles seront une cause intentionnelle, qu'elles porteront préjudice au mineur et seront le résultat de l'abus fait de ses passions.

Mais qu'est-ce que le Tribunal entend par l'*équivalent d'un prêt*, — par des *avances faites à un mineur?*

Il va le dire dans ses jugements, et c'est surtout là que le Tribunal prend une peine infinie pour essayer de faire sortir de la loi la solution qu'elle lui refuse clairement et nettement.

Dans son jugement du 25 août, le Tribunal *reconnaît que, dans l'espèce, il n'y a pas de prêt proprement dit*; puis il ajoute :

« Que la vente faite à crédit à un mineur, en ce qui touche la

» stipulation sur le paiement du prix, ÉQUIVAUT *au prêt d'une* » *somme égale à ce prix. . .* (1) »

Comment cela ? L'assertion est hardie ; mais par quelles raisons le Tribunal entend-il la justifier ? Avec l'idée qu'on entrevoie, dans cette affirmation si péremptoire, toutes les conventions pourraient bien, au moyen de certaines combinaisons, se convertir en équivalent de prêt, si peu que l'on y mît de bonne volonté.

Dans le jugement du 19 juillet, le Tribunal avait été plus explicite ; car voici l'idée qu'il développait :

Le mineur qui, dans le but de satisfaire sa passion, achète des objets mobiliers, et afin d'en payer le prix, souscrit des billets à son vendeur, se trouve, en résultat, dans la même situation que si, après avoir acheté des objets mobiliers, *il souscrivait des billets à un tiers qui lui prêterait de l'argent pour s'acquitter envers son vendeur.*

Il est certain que, dans l'un comme dans l'autre cas, le mineur sera débiteur. Sous ce rapport, on peut dire que sa situation est la même.

Mais le Tribunal ne prend pas garde qu'il crée un nouvel article 406 ; qu'il place le délit dans la souscription de billets de la part d'un mineur, tandis que la volonté de la loi est de ne punir que la souscription de billets obtenus par abus des passions *et au cas de prêt.* La question entre le Tribunal et nous est de savoir si l'article 406 est applicable au cas de la vente, et résolvant la question par la question, le Tribunal dit : la vente à crédit est l'équivalent du prêt. Eh ! non vraiment, si vous voulez prendre la loi dans son acception *naïve,* dirons-nous, car elle ne punit que le *prêt d'argent, de choses mobilières, d'effets ou d'obligations,* et jamais personne ne s'était avisé de voir, dans le délai qui est accordé à un acheteur, une *stipulation de prêt.* L'idée est nouvelle ; mais est-elle juste ? Dans quelle disposition de la

(1) C'est aussi sans doute ce que le Tribunal appelle des *avances* à un mineur.

loi le Tribunal a-t-il vu qu'une obligation, qu'une vente, prenaient la physionomie d'un prêt dès qu'il y avait la stipulation d'un terme? Le terme convenu n'a jamais fait perdre à une convention le caractère qui lui est propre. Par quel côté la vente qui transmet la propriété, même quand elle est faite à terme, peut-elle ressembler à un prêt qui ne la transfère jamais? . . . Et comment deux conventions, qui sont aussi fondamentalement dissemblables, peuvent-elles être l'équivalent l'une de l'autre? . . .

Le Tribunal tombe dans une autre erreur, quand il suppose que le délit existerait au cas de la vente à crédit, aussi bien que si le mineur souscrivait des billets à un tiers qui lui prêterait de l'argent pour payer son vendeur.

Il est, en effet, apparemment incontestable que si, pour payer ce qu'il a acheté, le mineur empruntait d'un tiers la somme nécessaire à cet effet, et venait l'apporter à son vendeur, celui-ci, en la recevant, ne commettrait pas de délit, alors même que le prêteur aurait abusé de la situation du mineur pour lui faire payer des intérêts usuraires, ou le forcer de se reconnaître débiteur d'une somme d'argent plus forte que celle qu'il aurait touchée.

Toutefois, par le raisonnement auquel il se livre, le Tribunal reconnaît implicitement qu'il n'y a pas lieu à l'application de l'article 406, si le fait reproché n'est pas entaché *de prêt*. Or, tant que le *vendeur* restera *vendeur* et rien que *vendeur*, s'il est réellement vendeur et non *vendeur supposé*, le délit prévu et puni par la loi n'existera pas.

Pareillement si le prêt est loyal, c'est-à-dire si, suivant la foi du mineur, un bailleur de fonds lui a réellement prêté, à des intérêts ordinaires, la somme pour laquelle il s'oblige, quel que soit l'abus que le mineur fasse de l'argent qu'il s'est procuré, l'article 406 ne pourra pas être appliqué.

M. Morin, dans sa *Consultation*, résume avec une grande précision et une grande autorité de raison l'objection et la réponse qu'il convient de lui appliquer.

« Vainement, est-il objecté, pour exagérer la portée du texte » et l'intention présumée du législateur, qu'en résultat, le mineur, » qui, entraîné par ses passions, achète des meubles et souscrit des » billets en paiement, est dans la même situation que si, pour » payer les meubles, il empruntait d'un tiers en souscrivant des » billets à celui-ci. Cela peut être, quant au mineur et pour sa » dette ; mais dès qu'il s'agit d'un délit imputé à un vendeur, c'est » *l'action de celui-ci qu'il faut considérer*. Si le tiers dont on » parle était complice d'une fraude concertée, le vendeur et lui » pourraient être réputés prêteurs avec dissimulation. On trou- » verait dans leur combinaison les éléments d'un délit. Que s'il » n'y a pas eu concert du vendeur avec un tiers, la vente qui ne » déguise pas un prêt est un contrat licite, malgré la minorité de » l'acheteur, et sauf les exceptions de droit civil, qui pourraient » être opposées à l'obligation souscrite en paiement. »

Ce dernier mot montre clairement la distinction que le Tribunal aurait dû faire, et qui lui est échappée, entre la vente *illicite* dans sa cause et celle qui est *délictueuse*. Le Tribunal, les confondant dans une réprobation commune, ne s'est préoccupé, dans l'entraînement de sa conscience, que du moyen de frapper avec la loi pénale, des conventions vis-à-vis desquelles la loi civile l'armait d'un pouvoir suffisant.

Le Tribunal fait encore une objection qu'il formule comme suit :

« On paraît admettre que l'article 406 frapperait le débiteur » d'un capital non exigible, qui, abusant des faiblesses ou des pas- » sions de son créancier mineur, lui ferait souscrire à son préju- » dice une quittance ou une décharge au moyen d'un paiement » anticipé. Cependant dans cette hypothèse ne se trouve pas un » prêt proprement dit. »

Nous ne savons pas qui a fait cette concession dans la discussion, et à notre connaissance elle n'est consignée dans aucun livre examinant la théorie et faisant le commentaire de l'article 406.

Quant à nous, nous déclarons qu'il nous serait impossible de voir le délit de l'article 406 dans le fait d'un débiteur qui, devant 5,000 fr. à un mineur à l'échéance de 1867, paierait les 5,000 fr. à l'échéance de 1865, même dans le but de favoriser les passions d'un mineur ; car, acquittant sa dette, quoique par anticipation, il ne ferait un prêt au mineur ni *à proprement parler*, ni *équivalemment*. Les quittances et décharges ne sont un élément de délit que lorsqu'elles se rapportent à une *opération de prêt*, de la part de la personne qui se fait remettre une obligation ou une décharge, ou qu'elles sont un moyen, employé par les parties contractantes, pour dissimuler le véritable caractère de l'opération qu'elles ont faite.

§

Le Tribunal clôt la discussion en se plaçant en face d'une hypothèse, qu'il parvient à ramener, au moyen de sa théorie des équivalents (en matière criminelle !), sous l'application de l'article 406.

On n'a pas vendu au mineur,

On ne lui a pas prêté ; mais il est intervenu pour payer une dette de sa concubine, ayant pour cause une vente qui a été faite à celle-ci, antérieurement aux relations nouées avec le mineur.

Nous disons, sans insister après tout ce qui a été dit, que l'article 406 n'est pas applicable :

1° Dans cette espèce, il n'y a pas de prêt, ni direct, ni indirect, ni par voie de dissimulation.

2° Il n'y a pas eu davantage de vente.

Qu'y a-t-il donc ?

Un cautionnement fourni par le mineur ; la promesse de payer la dette d'une femme, avec laquelle le mineur a noué de coupables relations.

Au point de vue du droit civil, l'obligation pourrait avoir une cause suspecte. Mais est-elle le délit de l'article 406 ? Très certainement non, à moins que l'on ne veuille nier toutes les vérités qui ont été démontrées par la discussion qui précède. Mais le Tribunal a la ressource de la théorie des équivalents! théorie dangereuse, fatale, qui permet d'abaisser les barrières de la loi; théorie d'autant plus périlleuse, qu'elle ouvre la porte à toutes les combinaisons ingénieuses qui s'excusent de se produire, parce qu'elles ont la prétention de faire plus et mieux que le législateur. — Suivant cette route hardie qu'il s'est ouverte, parce qu'il a senti que la loi était désarmée en face de certains désordres, le Tribunal a pu résumer sa doctrine par l'application qu'il en fait dans les termes suivants :

« Que si Guyard n'a pas été lui-même l'acheteur à crédit du » mobilier, *il s'est substitué à la fille Cottineau pour le paie-* » *ment de sa dette*, et l'obligation qu'il a souscrite *équivaut*, » comme celle qu'elle avait contractée (1), *à un prêt*, de la » part de la prévenue, *d'une somme égale au prix de la susdite* » *vente faite à crédit!!* »

Que devient la loi au milieu de ces subtilités d'argumentation qui en troublent et en tourmentent le sens? . . . . . Ce n'est pas nous qui douterons un instant que le Tribunal n'ait été inspiré, dans sa sévérité, par un louable sentiment; qu'il n'ait été dominé par l'inquiétude que les désordres des temps présents inspirent; mais nous lui dirons, avec le respect que nous lui devons, et la fermeté que donne une conscience indépendante, qu'au-dessus du mal qui nous attriste, des préoccupations des familles qui s'alarment, il y aurait un mal plus grand encore, ce serait de tenter de secourir la société par l'arbitraire. Que les Tribunaux signalent au pouvoir qui s'est réservé l'initiative des réformes, les insuffisances de la loi, c'est leur droit, et ils ont compris que c'est leur devoir. — Mais peuvent-ils entreprendre

(1) Il y a là une erreur matérielle de la part du Tribunal, car des faits qui ont servi de base aux jugements, résulte la preuve qu'elle n'avait pas fait de billets en paiement de son mobilier.

d'ajouter à un texte insuffisant, ou de combler une lacune, au moyen de combinaisons ingénieuses? Non.

Cette longue et minutieuse discussion s'explique et s'excuse, par la nouveauté de la doctrine qui s'est produite, par le caractère, la situation judiciaire de ses auteurs, et par la ténacité à la faire triompher, qu'ils ont apportée.

Elle peut se résumer dans les propositions suivantes :

Le délit de l'article 406 n'existe qu'au cas de prêt. La vente n'est pas, en principe, comprise dans ses dispositions. Elle ne serait frappée par la loi que dans deux cas, qui n'en forment pour ainsi dire qu'un seul, celui où la vente serait une des formes de dissimulation employée par les parties pour voiler l'opération de prêt réellement faite, ou encore celui où le prêteur et le vendeur se seraient concertés pour arriver à leurs fins coupables; enfin, les principes généraux du droit criminel ne permettent pas d'introduire des équivalents qui auraient en réalité pour but d'étendre la loi, des cas qu'elle a prévus à des cas imprévus, et de punir de la sorte des actes qu'elle n'a pas atteints.

§ II.

« Le fait d'un marchand de livrer à un mineur des objets
» de toilette, ou des meubles, sachant qu'ils doivent servir à
» une femme avec laquelle ce mineur entretient des relations,
» constitue-t-il le délit d'excitation à la débauche repris et puni
» par l'article 334?

» Le fait du marchand qui se fait garantir ou payer par un
» mineur le prix d'objets antérieurement livrés à la femme avec
» laquelle il a noué depuis des relations, suffit-il pour consti-
» tuer le délit de l'article 334?

» Enfin l'*habitude* résulte-t-elle de la circonstance que les
» livraisons du marchand ont été faites à diverses reprises? »

Telles sont les questions que les jugements des 19 juillet et 25 août 1865 ont résolues affirmativement.

Quelles raisons le Tribunal a-t-il données à l'appui de ces solutions ?

Il s'est borné à dire :

L'article 334 ne s'applique pas seulement au proxénétisme.

Il est de jurisprudence constante que l'article 334 frappe celui qui loue un appartement à un mineur, sachant qu'il le prend pour s'y livrer à la débauche.

Donc il en doit être de même du vendeur d'un mobilier, etc.

Il est assimilable au complice qui, aux termes de l'article 60 du Code pénal, a procuré sciemment les moyens devant servir à une action coupable ; qui a donné son aide dans les faits qui l'ont préparée ou facilitée.

Au reste, il y a habitude dès qu'il y a plusieurs livraisons successives d'objets vendus.

Cette argumentation est-elle juridiquement acceptable ?

Nous nous trouvons ici encore devant une de ces nouveautés que cinquante-cinq années de la pratique de la loi n'avaient point découverte. Elle inspire assez de surprise au jurisconsulte, pour qu'il éprouve le désir d'en étudier la valeur et l'exactitude.

Sans doute l'article 334 manque de netteté et de précision ; il a, comme l'a dit dans un de ses réquisitoires, M. le procureur général Dupin, une sorte d'élasticité qui tente le magistrat. Mais loin que ce défaut du texte soit une raison pour tout oser ou tout entreprendre, nous y verrions volontiers un grave motif de plus de rechercher très soigneusement le sens de la loi, pour nous y rattacher fermement dans l'application.

« Il est naturel, dit M. Faustin Hélie, n° 1368, que les juges à
» la vue des faits de corruption qui viennent frapper leurs yeux,
» animés d'une vertueuse indignation, soient disposés à envelopper
» dans les termes de la loi, *pour peu qu'ils s'y prêtent*, des
» actes qui, quelque dépravés qu'ils soient, ne doivent relever
» que de la conscience ; *tel est l'entraînement dont il faut*

» *savoir se défendre.* Il appartient au moraliste, au législateur
» d'examiner si le cercle des incriminations n'est pas trop res-
» treint, si les limites peuvent être étendues ; *mais le juriscon-*
» *sulte est en face d'un texte ; il doit en interroger le sens,*
» *en sonder l'esprit ; il ne peut sous* le prétexte d'un besoin
» social, ou de l'immoralité d'un acte, ériger des délits nouveaux,
» en étendant ses termes. »

Ces paroles seront notre inspiration et notre guide dans l'examen que nous allons faire successivement des diverses solutions consacrées par les jugements des 19 juillet et 25 août 1865.

1°.

Le Tribunal dit : l'article 334 ne s'applique pas seulement au proxénétisme.

Nous tenons cette proposition comme essentiellement contraire aux motifs et aux origines de l'article 334 : elle lui donne un sens et une portée qu'il n'a pas ; elle lui fait prendre toutes les actions immorales, tandis qu'il n'était dans les intentions du législateur que de punir les plus graves et les plus dangereuses. Nous soutenons que si des faits qui ne présentaient pas rigoureusement parlant tous les caractères du proxénétisme ont été quelquefois punis en vertu de l'article 334, les magistrats ont été entraînés par l'effroyable immoralité des actes, comme dans l'affaire des filles publiques acquittées par la Cour de Bordeaux, ou bien ils se sont efforcés de trouver dans les actes réprimés, les traces de cette honteuse *entremise*, qui est le caractère dominant de l'attentat aux mœurs par excitation à la débauche.

Pour avoir le sens vrai et spécial de l'article 334, il faut remonter à 1810.

Cet article a été classé par le législateur de l'époque, sous la rubrique des *attentats aux mœurs,* aussi son texte dit-il expressément, qu'il s'agit *d'un attentat aux mœurs ;* » *quiconque* » *aura attenté aux mœurs en, etc.* »

Comment cet attentat se commet-il? En excitant, favorisant, facilitant la débauche.

De ces expressions, qu'on nous permette ce mot, de ce mécanisme de l'article, résulte la preuve que la loi suppose de la part du tiers qu'elle veut punir, un acte personnel et actif, une action directe, amenant le rapprochement de deux personnes pour des œuvres de débauche. Les anciens auteurs caractérisaient cette action délictueuse avec l'énergique crudité de leur langage, en la nommant, le *maquerellage*.

Ce que le texte suffisait à signaler, la discussion de l'article 334 l'a mis en grande évidence.

L'exposé des motifs disait :

« Le Code prononce des peines de police correctionnelle contre » les personnes convaincues *d'avoir débauché* ou *corrompu* la » jeunesse; il est en ce point conforme à l'ancienne loi. »

On lit dans le rapport de M. Monseignat :

« En nous occupant des attentats aux mœurs, comment ne » pas signaler ces êtres qui ne vivent que pour et *par* la débauche, » qui, rebus des deux sexes, se *font un état de leur rappro-* » *chement mercenaire*, et spéculent sur l'âge, l'inexpérience et » la misère, pour colporter le vice et alimenter la corruption. Des » législateurs ne les ont punis que du mépris public; mais que » peut le mépris sur des âmes aussi avilies, etc. ? »

Lorsqu'il parle de l'aggravation de peine prononcée par le deuxième paragraphe de l'article 334, M. Monseignat dit encore :

« Si l'on pouvait calculer des degrés de bassesse, dans un *métier* » aussi bas, ceux-là sans doute seraient les plus méprisables, qui » serviraient ou exciteraient même la corruption des personnes » placées sous leur surveillance ou leur tutelle, et notamment ces » pères et mères qui, abusant du dépôt précieux que la nature et » la loi leur ont confié, spéculeraient sur l'innocence qu'ils sont » chargés de protéger et de défendre, *échangeraient contre de* » *l'or la vertu de leurs enfants*. . . . ., etc. »

MM. Chauveau et Faustin Hélie, après avoir cité ces paroles, ajoutent :

« Il était impossible d'indiquer plus clairement le but du législateur et le sens de la loi : ce sont ces êtres qui vivent de la » débauche ; ces *mercenaires qui colportent la corruption*, » que le législateur a voulu atteindre ; il ne parle que de ceux-là. » Et remarquez que ce sens, expliqué avec tant de netteté, est » précisément celui de l'ancienne législation, celui de la loi romaine ; » de sorte qu'une longue et étroite filiation lie l'article 334 aux » législations qui l'ont précédé, et que s'il n'en a pas formellement » répudié l'héritage, son silence seul devrait faire supposer une » acceptation.

» Il (le législateur), écrit à son tour M. Ach. Morin dans la » consultation déjà citée, n'avait en vue dans ses prévisions » circonspectes, que l'*infâme trafic des entremetteurs* de » débauche, connu sous un nom ignoble auquel nous avons substitué » celui de proxénétisme. C'est ce qui résulte des travaux préparatoires, ce que nous avons mainte fois prouvé, et ce que reconnaissait la commission du Corps législatif lors de la révision » de 1863. »

Dans le rapport de cette commission (Duvergier, année 1863, p. 460), on trouve en effet ces expressions remarquables :

« L'exposé des motifs du Code pénal de 1810 révèle clairement » que le législateur n'a voulu punir que le *métier*, la *profession*, » le *trafic* habituel de la corruption. Malgré le défaut de précision » qu'on peut lui reprocher, le texte de l'article 334 se prête plutôt » à cette opinion qu'à toute autre. C'est celle que la jurisprudence » a le plus généralement consacrée : c'est d'ailleurs celle que la » raison conseille, et qu'en l'absence de tout précédent nous voudrions encore adopter. »

Cette unanimité dans l'appréciation du sens de l'article 334, s'explique comme nous l'avons déjà fait remarquer, par les termes de l'article :

« Quiconque *aura attenté aux mœurs.* »

AURA *attenté*, suppose une intervention personnelle et active de la part d'un agent.

Ces mots : *provoqué, facilité, favorisé,* montrent qu'un rapprochement, non existant avant l'intervention de l'agent, a été procuré par son office infâme.

Donc c'est bien le *proxénétisme* que la loi poursuit : c'est bien au *proxénète* qu'elle s'attaque.

La jurisprudence l'a solennellement reconnu, notamment en décidant irrévocablement que l'article 334 n'est pas applicable à celui qui séduirait ou corromprait des mineurs pour satisfaire à ses propres passions. (*Répert. gén. du droit criminel,* v° attentat aux mœurs, n°s 17 et 18.)

La raison de ces décisions est donnée par M. Faustin Hélie dans ces termes :

« Est-ce favoriser la débauche que de chercher à séduire une » femme dans l'intérêt de sa passion ? Non. C'est faire un acte » de débauche ; mais ce n'est ni la favoriser, ni la faciliter ; celui » qui l'excite, qui la facilite, c'est *celui qui fournit les moyens* » *de rapprochement, qui se rend l'agent de la corruption ;* » c'est l'instrument au moyen duquel la prostitution se consomme » (n° 1374). »

A diverses reprises, la Cour suprême a posé le principe avec une grande netteté. On peut citer les arrêts des 11 mai 1842, 11 juin 1840, 19 mai 1841.

Les arrêts des 16 juillet 1841, 5 août 1841, 19 février 1842, 12 mai et 28 juillet 1848, émettent cette doctrine :

« Le premier paragraphe de l'article 334 n'a pas eu en vue de » réprimer autre chose que le proxénétisme. »

Le 19 août 1853, la Cour de Cassation jugeait :

« Que de la combinaison des articles 334 et 335 résulte la

» preuve que le législateur n'a entendu en appliquer les dispo- » sitions pénales, qu'à ceux qui se livrent à l'infâme métier de » proxénète. »

Le 15 mars 1860, la Cour de Cassation disait :

« Attendu que l'article 334 ne s'applique qu'aux *proxénètes*. . . »

10 novembre 1860, le même principe est consacré.

On peut donc affirmer avec la certitude de donner à l'article 334 son véritable sens, qu'il a voulu atteindre, mais *exclusivement*, le *proxénétisme* ou l'*entremise* dans les œuvres de débauche ;

Que le délit ne saurait exister qu'à la condition que celui auquel on l'impute, aura excité, favorisé ou facilité des rapprochements inexistants avant son entremise.

Si tel était le sens de l'article 334 en 1810, c'est-à-dire à son origine. Cet article a-t-il été modifié ; son texte a-t-il été changé, étendu ? Ou bien les applications diverses qui en ont été faites, dans un sens plus large, ne sont-elles pas plutôt simplement l'œuvre de magistrats indignés de la dépravation, et qui ont préféré suppléer au silence de la loi et s'ériger en législateurs que de la laisser passer impunie ?

L'article 334 de 1810 n'a reçu aucune modification dans les diverses révisions que nos lois pénales ont subies en 1832 et en 1863.

Il a donc aujourd'hui exactement la portée qu'il avait en 1810 ; il ne peut donc punir en 1865 que ce qu'il punissait en 1810 : c'est-à-dire le trafic et les trafiquants de débauche.

A la vérité, on a prétendu trouver dans la discussion qui s'est élevée au Corps législatif en 1863, une sorte d'approbation générale donnée aux solutions de la jurisprudence dans un sens extensif du texte de l'article 334.

Il faut préciser ce qui s'est passé dans cette discussion ; car il est évident qu'on tend à faire de l'article 334 un article applicable, sans limite et sans condition.

Ce serait un grand malheur que des législateurs eussent pu,

sans discuter, sans modifier le texte d'une loi ancienne, en changer par *des discours* le sens et la portée.

Or, voici ce qui s'est passé :

La commission voulait qu'on retouchât l'article 334, et que, pour faire cesser la controverse qui s'était élevée sur la question de savoir s'il punit l'acte de celui qui corrompt pour satisfaire ses passions, il fût dit que l'article 334 n'était applicable que lorsque la débauche des mineurs avait eu lieu pour *la satisfaction des passions d'autrui.*

Un amendement dans ce sens fut proposé.

M. Nogent Saint-Laurent s'éleva contre cet amendement, parce qu'il mettait à l'abri de toutes poursuites, quelles que fussent les circonstances de sa conduite, le libertin qui débauchait pour la satisfaction de ses passions.

Ces paroles furent approuvées.

L'amendement de la commission fut retiré ou rejeté.

La conséquence de ce retrait et de ce rejet aurait pu être, à la rigueur, celle-ci :

C'est qu'on *pourra* appliquer l'article 334 à d'autres personnes que celles qui auront agi *pour la satisfaction des passions d'autrui;* en d'autres termes, qu'on pourra atteindre le débauché dont les actes de libertinage *présenteront les caractères du délit de l'article* 334, alors qu'il aura agi pour son propre compte, c'est-à-dire pour la satisfaction de ses passions personnelles.

Mais le vote ne va pas même aussi loin; donc si cet incident n'a pas eu pour résultat de *resserrer* les limites dans lesquelles l'article 334 est contenu, on ne peut en conclure qu'il les ait élargies.

Directement ou indirectement, même par simple allusion, il n'est question d'aucune autre hypothèse que de celle qui faisait l'objet de l'amendement de la commission et des observations de M. Nogent de Saint-Laurent.

Au surplus, à côté de ces remarques de bon sens, on trouve

des explications qui les confirment, dans ce passage d'une circulaire du Garde des Sceaux, en date du 30 mai 1863 :

« Au système absolu qui réduisait rigoureusement l'application
» de la loi au proxénétisme, et qui excusait tout acte commis
» dans le but de satisfaire ses propres passions, le législateur a
» préféré la doctrine de la Cour de Cassation, qui atteint le
» *débauché lui-même, lorsque les raffinements* de son immo-
» ralité en ont fait l'INSTRUMENT *habituel* de la corruption
» *d'autrui,* ou le *complice du* POURVOYEUR de ses plaisirs cou-
» pables. »

M. le Ministre va bien loin, puisqu'il suppose que le Corps législatif a donné une interprétation de la loi existante, — ce qui n'est pas.

Quoi qu'il en soit, sa circulaire signale très exactement la portée possible à donner à la discussion.

La circulaire a cependant un mot bien caractéristique du rôle que doit jouer celui qui attente aux mœurs, en excitant, favorisant, facilitant, pour que l'article 334 puisse le frapper.

Ce rôle est peint par un mot énergique : POURVOYEUR *de plaisirs* du débauché.

Cela suppose qu'il y a eu *entremise* pour amener le *rapprochement* de deux personnes.

Au surplus, M. Guyard Delalain a résumé la discussion, et les conséquences du vote qui l'a terminée, par cette phrase significative : « Nous comprenons que la Chambre a voulu le retour pur et » simple à l'ancien article du Code pénal; nous l'acceptons. » (V. aussi les réflexions remarquables de M. Duvergier, *loc. citat.*, p. 462.)

L'article 334 est donc resté ce qu'il était en 1810.

S'il demeure démontré que la discussion au Corps législatif, en 1863, n'a pas étendu et n'a pas pu étendre le sens limitatif de l'article 334, il faut néanmoins reconnaître que le débat parlementaire a son enseignement.

Le Corps législatif ne pouvait ignorer les désordres de l'époque actuelle, le relâchement des mœurs, le luxe effréné dont les femmes de débauche exigent d'être entourées, l'empressement des marchands à profiter de cet entraînement pour multiplier leurs affaires et leurs profits ; il ne pouvait ignorer que le vice poursuit avec ses séductions les filles mineures ; que leur jeunesse excite ses ardeurs; que l'oisiveté opulente devient le rêve dangereux de la pauvreté, et que la convoitise de ses jouissances hâte la chute de ces jeunes filles, d'autant plus exposées, qu'elles sont moins surveillées. Il devait être frappé de la précocité du libertinage, qui n'attend plus l'âge où l'effervescence des sens semblait l'expliquer; et pourtant, malgré la gravité du mal, malgré la provocation qui lui était faite, qu'a-t-il pensé ? qu'a-t-il résolu ? Que l'article 334 ne devait pas être modifié. Le maintien de l'article 334, tel qu'il était en 1810, n'est donc point un *accident*, c'est un *fait intentionnel.*

En résumé donc, l'article 334 n'avait en vue, n'a en vue encore, que le proxénétisme, et le principe posé par le Tribunal en termes absolus, que l'article 334 ne s'applique pas au proxénétisme seulement, ce principe dans lequel il croit pouvoir puiser le droit de punir tous les faits immoraux ou contraires aux mœurs, est donc essentiellement erroné.

Toutes les conséquences que le Tribunal en déduit, quand il examine et discute les faits, dénoncées par la prévention, manquent par suite d'exactitude juridique. Des gens moins respectueux que nous ne le sommes envers la magistrature, par devoir et par affection, pourraient y voir une sorte de résolution de forcer en quelque sorte la loi à seconder un parti pris de condamner.

Toutefois, et bien que le sens que nous avons attribué à l'article 334, avec la jurisprudence et la doctrine, soit le sens exact, il faut bien le reconnaître, des magistrats ont parfois cherché à détendre la rigueur de cette argumentation, et à développer la portée de l'article. Suivant quelques récents arrêts, le *proxénète* ne serait pas, absolument parlant, le seul que la loi punirait. On comprend, quand on se reporte aux faits abominables qui ont soulevé l'indignation des magistrats qui les ont rendus, qu'ils n'aient pas voulu que la justice demeurât désarmée.

La Cour suprême elle-même s'est autorisée dans certains cas des faits, et elle a fait sortir de leur *énormité,* presque la nécessité d'une sorte d'élasticité à donner à la loi. On peut dire que des faits exceptionnels d'immoralité ont produit des arrêts exceptionnels.

Il est facile de voir combien cette réflexion est juste, quand on consulte l'espèce qui a mis pour la première fois la Cour suprême dans cette voie, sur le rapport du magistrat honorable qui a proclamé, lui aussi, que l'article 334 était restreint aux proxénètes. Voici en effet de quoi il s'agissait : Un individu et sa maîtresse, couchant ensemble, admettaient dans le même lit la fille de celle-ci, âgée de treize ans, et se plaisaient à la rendre témoin des actes les plus honteux de leur débauche.

Il faut se hâter d'ajouter que, tout en élargissant ainsi la portée de l'article 334, non par des raisons tirées de la vérité du texte, mais plutôt par des raisons empruntées à une sorte de nécessité sociale, ET SEULEMENT DANS DES CAS EN QUELQUE SORTE EN DEHORS DE TOUTE PRÉVISION LÉGALE PAR LEUR MONSTRUOSITÉ, la Cour suprême a incessamment consacré cette règle, que le délit d'attentat aux mœurs par excitation à la débauche, ne se comprend pas s'il n'y a *un intermédiaire, une entremise.*

Dans un arrêt rendu, Chambres réunies, le 1er mai 1854, on lit :

« L'article 234, sainement entendu, exige pour son application
» l'intervention *d'un agent intermédiaire* de débauche et de
» corruption. »

Le 21 avril 1855, la Cour jugeait que le délit de l'article 334 résulte *de la seule intervention d'un tiers* pour servir la passion d'autrui, quel que soit le mobile de cette intervention et lors même que le salaire d'un trafic n'y serait pas attaché. — Mais il faut l'intervention constatée d'un tiers.

Quelle que soit l'influence des faits, à laquelle la Cour de

Cassation n'échappe pas toujours, — dans ses arrêts des 22 août 1855, 10 janvier 1856, elle fait ressortir encore des circonstances qu'elle prend comme constantes, que les prévenus ont agi comme *intermédiaires* de débauche ou de corruption.

Ainsi, en supposant comme vrai que l'article 334 s'étende à d'autres pratiques qu'au proxénétisme, on doit tout au moins ajouter, comme correctif et comme complément nécessaire de cette formule, qu'il faut qu'il soit prouvé que le prévenu a agi comme *intermédiaire*, c'est-à-dire, comme le dit M. Faustin Hélie à l'occasion de l'arrêt du 21 avril 1855 : « qu'il est un » intermédiaire de débauche entre les jeunes filles qu'il a corrom- » pues et les passions que cette corruption alimentera, et c'est à » raison de ce rôle d'*agent* et d'instrument qu'il peut rentrer dans » les termes de l'article 334. »

Il y a loin, il faut bien l'avouer, de cette opinion au texte expliqué par les travaux préparatoires ; mais encore retrouve-t-on dans ces paroles un hommage au principe, incontestable et incontesté d'ailleurs, que le délit de l'article 334 n'existe pas, s'il n'y a eu de la part du prévenu un *acte direct*, positif, tendant à en faire l'intermédiaire de la corruption.

Or, dans les espèces que le Tribunal de Nantes a jugées, quels faits signale-t-il ? Cherche-t-il même à démontrer que les prévenus aient été des intermédiaires de débauche entre un mineur et un majeur ?

Dans la première espèce, il constate : « Que la prévenue était créancière d'une fille Cottineau pour le prix d'un mobilier qu'elle lui avait vendu depuis un certain temps ; qu'elle lui demanda si elle avait actuellement quelqu'un, et s'il avait de la fortune ; que cette fille lui répondit : oui , mais qu'il était mineur ; que la prévenue lui répliqua qu'on lui ferait souscrire des billets en blanc ; que, peu après cette conversation, la prévenue vint trouver la fille Cottineau, qui était au lit avec le sieur Guyard, menaça cette dernière de poursuites et engagea Guyard à s'obliger pour elle ; que celui-ci, après avoir résisté, céda à la demande de la prévenue et *aux prières de la fille Cottineau;* qu'il lui souscrivit pour environ 2,700 fr. de billets ; que celle-ci laissa par suite à la fille Cottineau le mobilier dont elle menaçait de la déposséder, » et cette fille put conserver sa chambre meublée et *continuer* » d'y recevoir Guyard ; *que la prévenue a ainsi facilité la* » *débauche d'un mineur ;* qu'en l'engageant, dans les circons- » tances sus-référées, à contracter une obligation aussi considé- » rable, elle *l'excitait* à continuer longtemps ses relations avec » la fille Cottineau ; que, de plus, un mémoire montant à 1,725 » francs, où *Guyard est porté* comme débiteur, constate que, » du 1er août au 22 septembre 1863, la prévenue a fait, à » plusieurs fois, diverses fournitures de toilette à la fille Cottineau ; » que la prévenue livrait ainsi à cette fille ce qu'elle savait, mieux » que personne, être le prix de ses relations avec un mineur, et la » condition de leur durée. »

Nous avons cité la discussion des faits, à défaut de discussion du droit, afin de bien faire comprendre, par l'appréciation que le Tribunal fournit des faits qu'il tient pour constants, quelles sont les conséquences qu'il déduit de ses prémisses : l'article 334 ne s'applique pas seulement au proxénétisme.

Il est facile de comprendre, d'après la manière de raisonner du Tribunal, qu'à ses yeux l'article 334 punit tous les actes quelconques d'immoralité, et que, pour lui, tout engagement contracté dans l'entraînement de la passion constitue, à la charge de celui qui l'a demandé à un mineur et reçu de ses mains, un attentat aux mœurs, par excitation à la débauche.

Nous examinerons ultérieurement, avec quelque insistance, le système que révèle l'appréciation des faits présentés par le Tribunal. Mais, quant à présent, constatons que la prévenue n'a pas à coup sûr tenu, dans la circonstance, le rôle de proxénète. En outre, on cherche vainement comment la prévenue a pu être *intermédiaire* de corruption entre le sieur Guyard, qu'elle ne connaissait pas, et la fille Cottineau, qu'elle ne venait trouver que pour essayer de se faire payer d'une dette ancienne, surtout quand déjà ses relations avec Guyard étaient formées.

Sans doute, il est de doctrine que l'article 334 est applicable au cas d'excitation à la débauche d'une fille mineure déjà corrompue ; mais ce n'est pas de ce cas qu'il s'agit. Il s'agit de savoir si, des relations étant formées entre un mineur et une femme, on peut réputer intermédiaire, négociateur, instrument de la corruption, la personne inculpée d'avoir commis les faits relevés par le Tribunal dans son jugement. Or, le bon sens répond énergiquement *non*.

Le Tribunal le reconnaît, et voici comment il constate qu'on peut être intermédiaire :

« La prévenue a servi d'intermédiaire. . . » Comment ? — « Pour » remettre *de la part de l'un aux mains de l'autre* des objets » destinés à procurer la prolongation des désordres du mineur. »

Et c'est là le fait de proxénétisme qu'on va punir ! C'est là *l'entremise* que la jurisprudence de la Cour de Cassation, dans des arrêts, plus d'indignation que de doctrine, a substituée au proxénétisme exclusivement frappé par l'article 334 ? . . .

Certainement non ; et, Dieu merci, la loi n'autorise pas une telle interprétation de son texte, qu'elle ressemble à un jeu de mots.

Qu'importe que la prévenue sut que le mineur, qui faisait cadeau à sa maîtresse des objets achetés par lui, arriverait ainsi à prolonger ses relations. Le marchand qui les vendait et les remettait à l'adresse qui lui était donnée, ne saurait être considéré comme un entremetteur de la débauche et de la corruption.

De cette discussion résulte que le principe absolu posé par le Tribunal est de tout point erroné ; qu'il n'y a pas de délit de l'article 334, s'il n'y a pas de proxénète ou tout au moins d'entremetteur et d'intermédiaire ; disons, avec M. le Garde des Sceaux : de *pourvoyeur* de débauche.

Par suite, toutes les conséquences que le Tribunal a déduites et qui l'ont conduit à une condamnation, sont radicalement inadmissibles.

Il faut examiner maintenant si, parce que la doctrine de certains arrêts va jusqu'à punir de la peine de l'article 334 celui qui loue un appartement à un mineur, sachant qu'il s'y livrera à la débauche, il en doit être de même du vendeur du mobilier qui le garnit, et des objets de toilette qui habilleront sa maîtresse.

2°.

La solution que nous allons discuter est des plus inattendues; elle est de nature à inquiéter sérieusement les marchands et le commerce. Elle leur impose, sous les peines de l'article 334, le devoir de refuser de vendre dès qu'ils sauront le mauvais usage qui peut être fait des choses vendues; de s'informer de l'âge de l'acheteur, de ses habitudes.

Dans le jugement on trouve deux propositions, dont la première engendre l'autre comme conséquence.

Louer à un mineur qui se livre à la débauche dans l'appartement qu'il afferme, c'est commettre le délit de l'article 334.

Vendre des objets mobiliers à un mineur, sachant qu'il les fait servir à ses relations avec une femme, c'est commettre aussi le délit de l'article 334.

On n'aperçoit pas précisément comment la seconde proposition est forcément la conséquence de la première.

Le Tribunal l'a dit par un mot :

On *facilite* la débauche.

Tout son système, toute son argumentation roulent sur ce mot. Nous aurons donc à rechercher si le Tribunal s'en sert bien, dans le sens où il l'emploie.

Mais d'abord il faut examiner si la première proposition du Tribunal, formant la première branche de son syllogisme, est d'une complète exactitude devant la jurisprudence qu'il invoque.

Sans doute on trouve des arrêts, et en quelque nombre, qui ont décidé que la location consentie à un mineur, ou celle faite à un majeur pour s'y livrer à des relations coupables avec une mineure, présentait, à la charge du bailleur, les caractères du délit de l'article 334; mais nous croyons rester dans la plus exacte vérité, en affirmant que ces arrêts ne sont pas fidèlement traduits par cette formule du Tribunal : « Celui qui loue un appartement à » un mineur, sachant qu'il le prend pour se livrer à la débauche, » commet le délit puni par l'article 334. »

Les arrêts qui ont vu le délit de l'article 334 dans le fait de la location, sont tous des arrêts qu'on peut appeler des arrêts d'espèces. Ils ont conclu, en tirant les conséquences juridiques de faits déclarés constants.

C'est qu'en effet le délit d'attentat aux mœurs, comme tous les autres délits, ne peut exister qu'autant que le fait est caractérisé par l'*intention* qui a fait agir, et le *but* que l'on s'est proposé.

La location, même avec la connaissance de la destination que veut lui donner le locataire, ne devient délictueuse de la part du bailleur, qu'autant qu'il *se constitue l'intermédiaire* d'un rapprochement illicite, et qu'il *fait* servir *volontairement* sa location de moyen de le consommer. Sans cette distinction, il faudrait condamner tous les propriétaires qui, dans le but de tirer de leurs maisons un plus haut prix, les afferment à des femmes de mauvaises mœurs, pouvant par suite y recevoir des mineurs, avec une continuité suffisante pour déterminer l'habitude.

L'arrêt du 10 novembre 1854 a bien soin de relever les circonstances qui ont donné à la location le caractère délictueux. La femme G. . . n'était pas dans la situation d'un simple propriétaire locateur. Sa maison était exclusivement occupée par des filles de mauvaise vie, et la location qui lui a été imputée à délit, était faite par elle à une fille publique, inscrite, quoique mineure, *pour* qu'elle s'y livrât chaque jour au premier venu. « La location » accomplie dans ces conditions, dit l'arrêt, avait pour résultat

» nécessaire de fournir à la mineure le moyen de se livrer à la » prostitution. » (Vr *Journal du Droit criminel*, art. 5840.)

Le dernier exemple est celui de l'affaire M. . . , jugée, le 1er mai 1863, par la Cour de Cassation, et le 25 juin 1863, par la Cour de Limoges, — contrairement à la doctrine de la Cour de Poitiers.

Dans l'espèce de cet arrêt, un jeune homme, de Melle, qui avait détourné une fille mineure de chez ses parents, l'avait amenée à Niort, dans la maison des époux . . . , dont la femme exerçait la profession de sage-femme. Ceux-ci les accueillirent, les gardèrent plusieurs jours chez eux, et finirent par leur louer une chambre qui n'avait qu'un lit. La Cour a vu dans la connaissance de la situation des deux jeunes gens, dans l'assistance donnée à leur situation équivoque, dans le pacte honteux intervenu à leur sujet, la réunion de circonstances suffisantes pour placer les époux. . . sous l'application de l'article 334.

Par ces deux exemples, on montre que c'est en exagérant la portée des décisions rendues, que le Tribunal déclare qu'il est de jurisprudence que l'article 334 frappe celui qui loue un appartement à un mineur, sachant qu'il le prend pour se livrer à la débauche.

La jurisprudence n'est pas si générale et en même temps si absolue. Elle fait de la location l'élément d'un délit, lorsque les circonstances dans lesquelles la location s'accomplit, sont telles, qu'elles présentent les éléments caractéristiques du délit de l'article 334. Il ne suffit pas que le locateur connaisse l'usage que le locataire veut faire de son appartement ; il faut tout au moins que la location soit faite, de la part du propriétaire, *dans le but* d'amener et de faciliter des rapprochements immoraux

L'honorable auteur, tant de fois cité par nous, M. Faustin Hélie, ne paraît pas approuver cette tendance de la Cour suprême, à voir le délit de l'article 334 dans le fait de location, et à l'occasion de l'arrêt du 10 novembre 1854, qui cassait un arrêt de la Cour de Rennes, il fait les réflexions suivantes :

N° 1381. « Les dernières expressions de cet arrêt révèlent les » doutes qu'il peut soulever. Faut-il distinguer trois faits distincts » dans ces mots de l'article 334 : « en excitant, favorisant ou » facilitant la débauche ? » ou n'est-ce qu'un même fait que la loi » a enveloppé sous trois faces différentes, pour qu'il ne pût lui » échapper ? Ce fait ne consiste-t-il pas uniquement, quelles que » soient les combinaisons dans lesquelles il se produit, dans l'en- » tremise d'un tiers pour propager la corruption ? *Cette inter-* » *vention ne suppose-t-elle pas un acte personnel de ce tiers* » *tendant au rapprochement des personnes ?* N'est-ce pas » parce qu'elle l'appréciait ainsi, *que la loi a incriminé* NON LE » FAIT MATÉRIEL DE FACILITER LA DÉBAUCHE, mais L'ATTENTAT » AUX MŒURS *commis en le facilitant ?* Comment comprendre un » attentat qui ne se manifeste par aucun acte direct, par aucune » action personnelle, et qui ne consiste que dans la prestation d'un » moyen ou d'un instrument de débauche ? S'il suffisait, pour » constituer le délit, « d'aplanir aux mineurs la vie de débau- » che, » les actes les plus simples et les plus indirects pourraient » être incriminés ; et la loi, si réservée en cette matière, pren- » drait un caractère de tracassière inquisition. »

Maintenant que la vérité jurisprudentielle, en ce qui concerne le fait de location, a été rétablie ; — maintenant qu'on s'est efforcé de démontrer à quelles conditions seulement, même devant les arrêts, ce fait de location peut être constitutif d'un délit, il faut rechercher si, aux yeux de la loi, si largement interprétée qu'elle soit, il est possible que le marchand qui vend à un mineur un mobilier ou des objets de toilette, sachant que le mobilier et les objets de toilette doivent servir à la femme qu'il entretient, commet par cela le délit d'excitation à la débauche.

A ce sujet, nous ferons, avec M. Faustin Hélie, cette réflexion, c'est que les magistrats, en se plaçant sur le terrain glissant de l'article 334, ne doivent pas perdre de vue que les écarts y sont faciles.

Nous dirons avec M. Morin : « L'interprétation la plus sévère
» s'arrête aux actions honteuses qui sont par elles-mêmes un
» attentat aux mœurs, par l'un des moyens spécifiés dans le texte.
» Celle que hasarde et qu'applique le Tribunal de Nantes irait
» beaucoup plus loin. »

Comment raisonne le Tribunal ?

Il dit : en faisant souscrire à un mineur des billets en paiement d'un mobilier laissé à la fille qu'il a pour maîtresse, quoique cette livraison ait eu lieu antérieurement à leurs relations, le marchand *l'excite à continuer* longtemps ses relations ; — en livrant des meubles ou des objets de toilette qui seront, de la part de l'acheteur, le prix des relations immorables qu'il a contractées et la condition de leur durée, on *facilite* la débauche.

A cette argumentation, on est tenté de répondre seulement par cette interpellation qu'adresse M. Faustin Hélie : « Comment com-
» prendre un attentat qui ne se manifeste par aucun acte direct,
» par aucune action personnelle, et qui ne consiste que dans la
» prestation d'un moyen ou d'un instrument (ici très indirect) de dé-
» bauche ?.... » Et nous ajoutons : moyen ou instrument, qui ne devient moyen ou instrument de débauche, que par *l'abus* ou *l'usage* qu'en fait celui qui en est devenu acquéreur.

Nous disons de plus que le système du Tribunal ne tend à rien moins qu'à faire de l'article 334 une disposition de loi discrétionnairement applicable, indéfiniment extensible, et destinée à frapper les faits blâmables ou immoraux qu'on ne trouvera pas le moyen d'atteindre autrement. Combattre de pareilles tendances, c'est protester au nom de la loi.

1° Obtenir d'un mineur qu'il s'engage à payer une dette de sa maîtresse, c'est, dit le Tribunal, *l'exciter à continuer longtemps* ses relations, et commettre dès lors le délit de l'article 334.

On ne comprend pas bien comment celui qui se fait remettre une obligation d'un mineur en paiement d'une dette ancienne de sa maîtresse, *excite* ce mineur à continuer, et même longtemps, ses relations. Sans doute, le Tribunal a voulu dire qu'il était à supposer que le mineur prendrait droit de ce sacrifice, pour exiger en coupables complaisances la représentation de son obligation!

Le marchand qui profite de la situation équivoque d'un mineur pour se faire remettre des obligations, peut bien s'exposer à voir un jour contester la valeur de l'engagement qui lui a été remis et la légitimité de sa cause; mais certainement, il ne commet pas le délit d'excitation à la débauche. Il n'attente pas aux mœurs d'un mineur *en l'excitant.* Il ne l'excite pas; il profite de la condition dans laquelle il se trouve pour essayer d'arriver au paiement d'une dette en péril; mais il ne devient certainement pas un intermédiaire de corruption entre le mineur et la femme pour laquelle celui-ci s'oblige. Son intention n'est pas de corrompre; mais de sauvegarder ses intérêts.

Exciter, s'entend d'après le sens qu'il faut attacher à ce mot employé dans l'article 334, de celui qui fournit les moyens de rapprochement, qui se rend l'agent de la corruption, qui se fait l'instrument au moyen duquel la prostitution se consomme. L'excitation ne se comprend pas sans l'action directe. Il n'y a pas action directe, parce que la démarche faite auprès de gens déjà engagés dans les liens de relations illicites, dans un tout autre but que celui de la prostitution, aura eu pour *effet indirect* de resserrer leurs rapports.

Les observations qui vont suivre compléteront, s'il en est besoin, notre réponse; elles démontreront de plus en plus qu'il faut se garder de confondre les actions blâmables en morale avec celles qui constituent un délit spécial.

2° Le Tribunal ajoute :

Livrer des meubles ou des objets de toilette, sachant qu'ils seront de la part de l'acheteur le prix de relations immorales et la condition de leur durée, c'est *faciliter* la continuation de la débauche ; par conséquent, c'est se rendre coupable du délit de l'article 334.

Le Tribunal fonde, comme nous l'avons dit, sa décision sur le mot : *faciliter*, qu'il tire du texte de l'article. Mais il n'emploie pas cette expression dans un sens plus *exact*, qu'il n'a employé le mot *exciter*. Si nous ne craignions pas d'être accusé de manquer de respect et de réserve dans cette discussion, nous dirions qu'il en abuse. C'est l'impression que produit sur l'esprit, la façon dont cette expression est mise au service de l'idée qui domine dans le jugement.

De plus, comme le fait judicieusement remarquer M. Morin, le Tribunal, pour arriver à la qualification du fait, introduit une variante dans le texte de l'article 334 ; car il dit que le vendeur des objets mobiliers a facilité et favorisé habituellement la *continuation* de la débauche. Ce mot, à lui tout seul, crée un nouveau délit.

L'opinion du Tribunal repose incontestablement sur cette pensée, que tous les actes qui, *indirectement* ou *par conséquence, même éloignée*, auront tourné au profit des passions d'un mineur, constituent le délit de l'article 334.

C'est là une erreur capitale.

Il n'y a pas de délit dans le sens de l'article 334, s'il n'y a pas *d'attentat aux mœurs*, et il n'y a pas d'attentat aux mœurs, s'il n'y a pas une attaque directe, personnelle, faite aux mœurs dans le but de les corrompre. (Faustin Hélie, p. 239, n° 1381.)

La loi avait, ce principe posé, à rechercher par quels moyens on pouvait attenter aux mœurs.

Ces moyens, elle les a indiqués.

On attente aux mœurs, EN excitant, EN facilitant, EN favorisant la débauche.

Mais les *facilités* ne deviennent un délit qu'autant qu'elles sont l'un des modes par lesquels on a attenté aux mœurs, mais attenté volontairement, avec une intention déterminée de corrompre.

L'action qui aura *un autre but*, pourra peut-être pourtant rendre plus *faciles*, plus durables certaines relations de débauche; mais celui qui, d'une façon indirecte, causera ce résultat, alors même qu'il aura su que telle pouvait être la conséquence de son action, ne commettra pas le délit de l'article 334. Si, indirectement, il a *favorisé* de blâmables relations, il n'aura pas attenté aux mœurs; et, pour être frappé par l'article 334, il faut avoir attenté aux mœurs en favorisant.

L'article 334 ne renferme pas trois délits : celui d'exciter à la débauche, celui de la favoriser, celui de la faciliter; il n'y en a qu'un : *l'attentat aux mœurs*, c'est-à-dire *l'attaque directe aux mœurs*, commise de trois façons différentes.

« Dans l'article 334, les expressions : *en facilitant habituel-* » *lement la débauche ou la corruption de la jeunesse*, ont un » sens spécial, déterminé par celles qui précèdent, puisque le » commencement du texte dit que c'est *un attentat aux mœurs* » qu'il veut punir, et puisqu'il exprime les modes par ces mots : » « en excitant, favorisant ou facilitant... » La dernière expression » se rapporte donc, comme les précédentes, à un acte *personnel* » *et direct*, qui *tendra au* RAPPROCHEMENT *des personnes* et qui » *comportera la qualification d'attentat aux mœurs*, relative- » ment au mineur dont on aura facilité la débauche ou la cor- » ruption.

» Aussi le jugement, après avoir relevé le fait de vente, qui » n'est certainement pas un attentat aux mœurs, et la circonstance » que les meubles ont été portés chez la maîtresse de l'acheteur » par l'ordre de celui-ci, ce qui est d'usage en pareil cas et sans » portée légale, change-t-il les termes de l'article 334, lorsqu'il » arrive à la qualification du fait, en disant que le marchand a » facilité et favorisé habituellement la continuation de la débauche » d'un mineur. Evidemment l'interprétation est extensive. . . » (Ach. Morin, *Consultation*. — Faustin Hélie, n° 1376, p. 232.)

Ces observations peuvent se condenser dans cette formule :

Il ne suffit pas qu'un acte arrive *ultérieurement, indirectement* à favoriser la débauche, il faut que l'action soit faite *intentionnellement,* directement, avec la *volonté de favoriser la débauche.*

De cette façon, on ramène le mot *favoriser* à sa véritable signification légale, et dès lors l'erreur du Tribunal demeure évidente.

Il n'a certainement pas considéré les tendances du système dans lequel il est entré.

Ces tendances sont sans limites ; elles multiplient les responsabilités à l'infini. La vente devient le pivot de l'attentat aux mœurs ; car si les objets vendus tournent, dans les mains de celui qui achète, en moyen de séduction et de débauche, le marchand l'aura facilitée. Il n'échappera à la loi pénale, qu'autant qu'il prouvera qu'il a ignoré les fins que son acheteur aura en vue. S'il les connaît, s'il les soupçonne gravement, il devra s'abstenir de vendre, ou bien il encourra les sévérités de la loi : il aura favorisé la débauche !

Les marchands deviendront les censeurs des mœurs. Ils devront, quand leurs marchandises seront remises à des mains ou portées dans un lieu suspects, s'informer, et suivant les cas, les reprendre, s'ils ne veulent être accusés de favoriser la débauche. Ils devront soigneusement se renseigner aussi sur la personne qui paie, car ils pourraient bien être exposés à s'entendre reprocher de l'avoir excitée à prolonger longtemps de mauvaises relations, *en recevant leur paiement !*

Les marchands seront tenus, sous les peines de l'article 334, de veiller aux mœurs des mineurs, de telle façon, qu'alors que la plupart des désordres, dont nous sommes les témoins affligés, sont dus à la négligence des familles ou à l'absence de la discipline au foyer domestique, eux, ils devront être vigilants pour les pères de famille.

Quel est le marchand qui voudra accepter une pareille condition, et quel est le marchand, surtout parmi ceux qui font le commerce des objets de luxe, qui pourrait, en face des doctrines du Tribunal, se dire irréprochable ?

Suivant la doctrine des jugements des 19 juillet et 25 août : loger un mineur qui a des relations condamnables, c'est commettre un délit ; on commet un délit si on lui fournit des meubles, des vêtements ; mais le coiffeur, mais la couturière, le cordonnier, le restaurateur ? . . . tous coupables d'excitation à la débauche, si le coiffeur sait, — et comment ne saurait-il pas, que les artifices de toilette qu'il prépare sont un moyen de séduction ; — si le cordonnier sait, si le restaurateur sait ! . . . si la couturière sait ! . . .

Le Tribunal n'y a pas pris garde ! En étendant à l'infini les dispositions de la loi, il en énerve la force, — il en affaiblit la dignité, car tout à l'heure elle touchera, par son exagération, à des points ridicules.

La doctrine du Tribunal a un autre inconvénient : elle subordonne le délit *à l'usage qui sera fait de la chose achetée,* — ou le caractère délictueux de l'engagement contracté, à la continuation ou à la rupture des relations.

L'existence du délit ne dépendra pas de la conduite tenue par l'auteur ou l'agent qu'on rend responsable, mais bien de celle que suivra la personne avec laquelle il aura contracté.

Si le mineur, qui a acheté des soies ou des dentelles, ne les donne pas, comme c'était son dessein et comme le marchand le savait, — ce marchand ne sera pas coupable. — S'il les donne, il sera coupable. — Si le mineur, qui a promis de payer une vieille dette de sa maîtresse, continue ses relations, sa persistance dans l'inconduite constituera un délit à la charge du bénéficiaire de l'engagement. S'il rompt, il n'y aura pas de délit.

En d'autres termes, la culpabilité ou la non culpabilité du marchand sera subordonnée à la résolution que prendra son *client.*

Comment comprendre que la culpabilité de l'agent puisse dépendre d'un fait qui ne lui sera pas personnel, et qu'il est, au contraire, dans la volonté d'un tiers de commettre ou de ne pas commettre ?

On avait essayé de trouver un appui à la thèse du Tribunal dans la discussion de la loi de 1863 ; mais il suffit de s'y reporter pour se convaincre qu'elle ne permet en aucune façon de supposer qu'il ait été dans la pensée du Corps législatif de donner à l'article 334 une extension qu'il n'a pas. Tout ce qu'on peut conclure de cette discussion, c'est qu'on n'a pas voulu ébranler l'autorité des arrêts rendus par la Cour suprême. — Il a bien été parlé de la séduction personnelle ; mais de la location ; mais de la vente d'objets mobiliers, il n'a pas été dit un mot.

La circulaire de M. le garde des sceaux n'y fait pas non plus allusion. Et vraiment il n'a pu en avoir la pensée, quand il a peint les personnes que l'article 334 voulait atteindre, par ce mot énergique : *pourvoyeur des plaisirs du débauché*.

On n'est pas pourvoyeur de plaisirs, pour vendre des meubles ou des dentelles à une femme séduite, ou à un homme qui séduit, ou qui veut séduire.

3° Pour corroborer son système et caractériser l'intention dont il suppose, dans l'une des espèces soumises, la prévenue animée, le Tribunal argumente des exhortations à la débauche qu'elle aurait adressées à trois jeunes filles, et particulièrement à la fille Cottineau.

Cette circonstance, et nous raisonnons toujours dans l'hypothèse où les faits seraient prouvés, nous paraît ici sans valeur, par les raisons que voici :

1° Des termes du jugement résulte la preuve qu'aucune incrimination n'a été mise à la charge de la prévenue, à raison des exhortations adressées à deux des jeunes filles, bien que l'une d'elles fût mineure au moment où le fait se serait passé ;

2° Les exhortations adressées à la fille Cottineau ne peuvent pas plus être un élément de délit quand il s'agit d'elle, que lorsqu'il s'agissait des deux autres filles;

3° Les exhortations faites à la fille Cottineau n'auraient de *caractère* qu'autant qu'elles auraient eu lieu à l'occasion de ses relations avec le mineur Guyard, et le Tribunal ne constate rien de semblable;

4° Il ne faut pas assimiler la provocation, la prédication de l'immoralité, même les conseils, aux actes matériels d'une participation criminelle. « La loi, disent MM. Ad. Chauveau et F. Hélie, » p. 239, n° 1382, qui ne punit que l'attentat aux mœurs, n'a » voulu incriminer que les faits matériels de proxénétisme ou de » promiscuité de débauche, qui auraient pour résultat, non-seu- » lement d'enseigner la corruption, mais de souiller la personne » elle-même. » (Cassation, 15 mars 1860.)

Bien qu'il n'entre point, dans le cadre de notre discussion, d'aborder les faits, nous croyons devoir consigner ici les termes des exhortations auxquelles le Tribunal fait allusion, afin que l'on puisse apprécier les relations qu'elles sont susceptibles d'avoir avec le délit de l'article 334.

A l'une des filles, la prévenue aurait dit: Tu iras au théâtre avec ces belles robes-là; tu y trouveras des Messieurs qui te donneront de l'argent et tu me paieras bien. »

A l'autre: « Tâchez donc d'avoir un amant, qui me paiera comptant, ou qui me fera des billets à tant par mois, pour ce que vous m'achèterez. »

A la troisième: « C'est la toilette qui fait le bel oiseau. On n'a pas d'amant, si l'on n'a pas de toilette. »

3°.

Le Tribunal a eu recours, dans son jugement du 19 juillet, à un motif imprévu.

Il a dit : dans le cas de vente d'objets mobiliers ou de toilette, le marchand agit comme le complice qui, aux termes de l'article 60 du Code pénal, a procuré sciemment les moyens devant servir à une action coupable, qui a donné son aide dans les faits qui l'ont préparée ou facilitée.

Cette donnée est ingénieuse; mais suffit-il qu'une décision judiciaire soit ingénieuse?

Dans le jugement du 25 août, le Tribunal paraît avoir fait le sacrifice de cette argumentation.

Voici comment, dans sa consultation, M. Ach. Morin y répondait :

« Supposant admis *indistinctement* qu'une location d'appar-
» tement à un mineur, avec la connaissance qu'il s'y livrera à la
» débauche, constitue le délit prévu par l'article 334, le juge-
» ment dit qu'il en doit être de même :

» 1° De la vente d'un mobilier pour garnir un tel logement;

» 2° De la vente d'objets d'ameublement ou de toilette, qui
» seront le moyen de nouer ou d'entretenir les relations immorales
» dans lesquelles un mineur est engagé; qu'alors on facilitera
» la corruption ou la débauche d'un mineur; qu'on agira comme
» le complice, etc.

» Avec de telles assimilations et un pareil raisonnement, on
» arriverait à réputer délinquants tous les marchands qui vendent
» des meubles ou des habillements, soit à des jeunes gens pour
» leurs maîtresses, soit à des filles publiques mineures, recher-
» chant la toilette comme moyen de séduction.

» Mais un double obstacle se présente ici :

» D'abord la *complicité* punissable et les termes de l'article
» 60 invoqués par le jugement, supposent, avant tout, un délit
» commis par autrui, dans les conditions d'une disposition pénale;
» de telle sorte que le concours d'un complice peut être lui-même
» puni par cela seul qu'il a sciemment facilité le délit d'une

» manière quelconque ; or, nul délit n'existe aux yeux de la loi » pénale de la part d'aucun des deux concubins, dont l'un achète » des meubles pour l'autre, et dont celle-ci les reçoit pour prix » de ses complaisances. Le vendeur, qui n'est complice d'aucun » délit, ne saurait donc être puni, qu'autant que son opération » aurait été érigée en délit, dont il serait lui-même l'auteur, par » une disposition pénale expresse, où seraient les conditions élé- » mentaires du délit. »

4°.

Le délit de l'article 334 n'existe pas, s'il n'y a *habitude*.

Or, voici comment le Tribunal dégage l'élément d'habitude :

Dans les deux espèces jugées les 19 juillet et 25 août, le Tribunal ne reconnaît qu'un seul fait à la charge de chacun des prévenus ; mais, pour lui, l'habitude résulte de ce que des ventes de meubles ou des livraisons d'objets de toilette, *au même mineur*, se seraient succédées *pendant un certain temps*, dans un cas, ou auraient été faites à *plusieurs reprises* dans l'autre.

L'habitude, au cas de l'article 334, ne peut résulter que de la *fréquence* ou de la *réitération* de faits ayant le caractère légal d'excitation à la débauche.

Cette question se rattache donc à la précédente.

Elle n'en est pas néanmoins nécessairement dépendante. L'esprit ne comprendra jamais, en effet, comment un marchand qui vend des meubles, par exemple, et qui livre à diverses reprises les objets qui lui ont été commandés par des individus, mineur et majeur, ayant déjà entre eux des rapports établis, pourra être réputé avoir *l'habitude* de les exciter à la débauche.

Sans doute, sur la question de l'habitude, les solutions de la jurisprudence ont été bien diverses, ses variations nombreuses, et elle paraît être arrivée à laisser à l'appréciation, quasi-souveraine des Tribunaux, de décider quand elle existe. Mais ce pouvoir d'appréciation doit s'exercer, dans une pareille matière, avec réserve et circonspection. La livraison successive de diverses pièces d'un mobilier, n'est en définitive que l'exécution d'un marché unique. Comment ce marché unique, parce que par la nécessité des choses, il sera divisé dans l'exécution, pourra-t-il constituer une série d'actes assez nombreux et en même temps d'une signification telle qu'ils formeront ce que l'on appelle l'habitude ?

Remarquons d'ailleurs que, suivant la loi, il faut *l'habitude d'attenter aux mœurs,* en excitant, etc. Il n'y a donc habitude que par la répétition des attentats, alors qu'il suffirait de l'unité de personne. Et, ici, on rencontre vraiment le danger de singulières méprises et d'étranges confusions.

Dans les espèces jugées, y aura-t-il habitude de *vendre ?* ou habitude d'*attenter ?*

Est-ce pour perpétuer les relations que le marchand vend ? N'est-ce pas au contraire dans le dessein exclusif de faire une opération de sa profession qu'il réitère ses ventes ?

Ne naîtra-t-il pas toujours un doute sérieux à ce sujet ?

Retrouvera-t-on bien ces caractères précis de l'habitude dont parle la loi, qui ne consiste pas seulement dans des rapports particuliers avec l'un des concubins ; mais surtout dans une intervention, qui répète et redouble, si l'on peut ainsi parler, leurs rapports.

L'habitude ne naît que par la répétition des rapports dans lesquels on s'entremet, ou par la répétition des faits *d'entremise* à fin de débauche. Comment existerait-elle, lorsque pour la caractériser, on ne peut invoquer que les remises de marchandises à l'un des concubins, sans y joindre ni effort, ni démarches pour faciliter ses accès auprès de l'autre, ou pour amener ses complaisances

On pourra trouver l'habitude de vendre ; on ne trouvera pas l'habitude d'attenter aux mœurs. Il ne suffisait donc pas au Tribunal de déclarer que les deux prévenus avaient facilité habituellement la débauche du mineur avec lequel ils avaient été en relations de vente et de livraison des objets vendus ; il fallait prouver l'habitude, la décomposer en quelque sorte, pour en montrer les éléments, et établir spécialement qu'il ne pouvait y avoir de méprise ; qu'il s'agissait bien, non de l'habitude de vendre, mais de l'habitude d'attenter aux mœurs de tel mineur, en lui facilitant fréquemment les occasions de débauche.

Nous avons achevé l'examen critique des deux jugements des 19 juillet et 25 août 1865 ; et nous croyons avoir démontré que le Tribunal, cédant à des entraînements d'autant plus à redouter, qu'ils s'excusent par le sentiment élevé qui les produit, a voulu trouver dans les articles 406 et 334 un pouvoir de répression que la loi lui refusait ;

Qu'il a fait des articles précités une interprétation que repoussent l'origine de ces textes, leurs termes et leur esprit. Il est ainsi tombé dans ce grave inconvénient d'avoir voulu absolument que la loi qu'il avait charge d'appliquer, telle qu'elle est, convînt aux faits qui lui étaient dénoncés ; tandis que sa mission plus restreinte, plus modeste, sans cesser d'être grande et élevée, se bornait à rechercher si les faits convenaient à l'application de la loi.

Nous avons toujours raisonné en prenant pour base de notre discussion les faits admis comme constants par le Tribunal. Si nous avions pu tenir état des protestations des prévenus, des objections qui écarteraient les plus graves des incriminations, nous aurions porté plus loin notre réfutation des décisions du Tribunal ; mais nous avons pensé qu'un examen écrit de ses doctrines, ne comportait pas ces détails, et que notre argumentation semblerait d'autant plus forte, que nous aurions accepté pour l'établir le terrain le plus désavantageux.

20 septembre 1865.

WALDECK-ROUSSEAU.

Nantes, imp. de Mme Vve Mellinet, pl. Pilori.

www.ingramcontent.com/pod-product-compliance
Ingram Content Group UK Ltd.
Pitfield, Milton Keynes, MK11 3LW, UK
UKHW022133260726
13993UKWH00003B/1403